Haringke Fugmann

ENGEL sind auch nicht mehr das, was sie waren

Haringke Fugmann

ENGEL
sind auch nicht mehr das, was sie waren

Eine evangelische Engelslehre für Schule und Gemeinde

claudius

An dieser Stelle möchte ich Frau Eichhorn für die Korrektur meines Manuskripts danken.

MIX
Papier aus verantwortungsvollen Quellen
FSC® C083411
FSC www.fsc.org

www.claudius.de

Umschlaggestaltung: Weiss Werkstatt München
Umschlagabbildung: © shutterstock/ MicroOne
Layout: Mario Moths, Marl
Gesetzt aus der Palatino
Druck: Clausen & Bosse, Leck

ISBN: 978-3-532-62838-6

Inhalt

1 Einführung

In früheren Zeiten waren Engelslehren gang und gäbe. Sie gaben z. B. darüber Auskunft, was Engel sind, was sie tun und wie sie sich von den „dunklen Engeln“ unterscheiden. Als die protestantische Theologie jedoch im Laufe der Neuzeit dazu überging, Engel für immer unwichtiger zu halten, wurde diese Literaturgattung auf evangelischer Seite mehr und mehr vernachlässigt (mit wenigen Ausnahmen).

Heute sind Engel gefragt wie nie zuvor. Im Jahr 2011 etwa hatte das Institut „IMAS International“ (Institut für Markt- und Sozialanalysen Ges.m.b.H.) in Österreich 1009 Personen repräsentativ über Schutzengel befragt. Das Ergebnis: 58% der Befragten, also etwas mehr als die Hälfte, erklärten, an Schutzengeln „ist was dran“. Nur 27% waren sich sicher, Schutzengel „gehören ins Reich der Fantasie“. Und wenn Menschen fest an „eine höhere, unser Schicksal lenkende Macht“, also an so etwas wie „Gott" glaubten, war nach diesen Ergebnissen auch der Glaube an die „Existenz der Schutzengel" stärker ausgeprägt.[1]

Wer jedoch etwas Inhaltliches über Engel erfahren will, wird selten fündig in der evangelischen Theologie, eher noch auf katholischer Seite (man denke an Anselm Grüns Bücher über Engel). Es ist daher an der Zeit, wieder über eine schrift- und zeitgemäße Engelslehre aus evangelischer Sicht nachzudenken.

Im Folgenden soll dies mit Blick auf Schule und Gemeinde geschehen. Es geht also nicht darum, das geballte theologische Fachwissen der letzten 2000 Jahre zu erschließen und zu präsentieren, sondern darum, für theologische und theologisch-pädagogische Multiplikatoren und Multiplikatorinnen in der Kirche theologisch sinnvolle und konkrete Sprachmöglichkeiten zu eröffnen, um in Schule und Gemeinde über Engel zu sprechen.

Dafür müssen wir jedoch auch noch den weiteren Rahmen des Themas mit in den Blick nehmen: Mit den Engeln ist zugleich die Frage nach dem Verhältnis zwischen Säkularisierung und Spiritualität gestellt. Nur wenige Fachleute dürften heute noch die These vertreten, dass die Gesellschaft immer säkularer wird. Zwar treten tatsächlich immer mehr Menschen aus den Kirchen aus, wenden sich vom organisierten Glauben ab, interessieren sich schlichtweg nicht mehr für religiöse Fragen oder praktizieren andere Formen von Spiritualität, aber Soziologen zeichnen ein differenzierteres Bild: Hubert Knoblauch etwa vertritt in seinem Buch „Populäre Religion“ (2009) die These, dass Religion zugleich zunehmend populär werde: Die Grenzen zwischen Sakralem und Profanem verschwimmen. Säkulare Kommunikationsformen dringen in die Kirchen ein (man denke an die „Eventisierung des Papstbesuchs“) und sakrale Formen werden in scheinbar völlig unreligiöse Kontexte versetzt (Stichwort „Priester des Techno“). Das Gleiche gilt für Inhalte, die zunehmend verflüssigt werden. Knoblauch schreibt: „Die populäre Religion ist also durch Entgrenzung charakterisiert.“ Aber, und das ist das eigentlich Spannende an seinen Überlegungen: „Die Entgrenzung bedeutet [...] nicht die Auflösung bisheriger Institutionen und Organisationen der Religion.“ (267)

Auf den Punkt gebracht und im Blick auf unser Thema könnte das heißen: Auch in Zukunft werden sich die Menschen mit ihren Fragen nach Engeln wohl an Theologie, Kirche, Geistliche und

Lehrer und Lehrerinnen wenden – und zugleich werden sich die geflügelten Gestalten wohl nicht mehr einfangen und wieder in ihre ursprüngliche religiöse Heimat zurück übersiedeln lassen wollen.

2. Wo begegnen uns Engel im Alltag?

Zunächst wollen wir das alltägliche, gesellschaftliche Umfeld, in dem Engel sich heute tummeln, näher in den Blick nehmen.

Wenn im Alltag von einem „Engel“ die Rede ist, kann damit ein Getränk („sanfter Engel“), eine Krankenschwester, ein braves Kind, eine kostümierte Person auf dem Weihnachtsmarkt, ein ADAC-Mitarbeiter oder ein hilfsbereiter Mensch gemeint sein. Wer heute von einem „Engel“ spricht, muss damit also nicht unbedingt ein übernatürliches Wesen meinen.

Trotzdem dürfte den meisten Menschen die Vorstellung geflügelter, übernatürlicher Engel zumindest bekannt sein. In der Lebenshilfeliteratur jedenfalls haben sich die Engel einen festen Platz auf den vorderen Rängen ergattert. Zur Veranschaulichung möge das Buch „Erzengel Michael. Heiler, Helfer und Beschützer“ von Doreen Virtue[2] dienen.

Doreen Virtue ist eine US-amerikanische, äußerst erfolgreiche Bestsellerautorin. Sie ist, so heißt es auf secret-wiki.de,

> „hellsichtig und kann zum Beispiel mit Erzengel Raphael oder Michael kommunizieren. Mit ihren Engel-Büchern erlangte sie weltweite Bekanntheit. Sie hat die *Angel Therapy* und die Ausbildung zum *Angel Therapy Practitioner* ins Leben gerufen."[3]

Wer sich mit ihrem Buch „Erzengel Michael" beschäftigt, hat zunächst den Eindruck, dass sich Doreen Virtue im Rahmen der christlichen Religion bewegt. So stellt sie zunächst fest:

> „Michael möchte nicht angebetet werden. Er überlässt allen Ruhm Gott und möchte nicht, dass man zu ihm betet. Er ist Fürsprecher und Vermittler zwischen dem Schöpfer und der Schöpfung (das sind wir). Daher rufen wir ihn an, ohne zu ihm zu beten – ein subtiler, aber wichtiger Unterschied." (10[4])

Diesen Abschnitt könnten viele Christen noch bedenkenlos unterschreiben. Schon der nächste Textabschnitt zeigt aber, dass Virtue diesen „subtilen, aber wichtigen Unterschied" selbst nicht ganz so ernst nimmt. Sie schreibt:

> „Doch warum sollten Sie sich an Michael wen-

> den, wenn Sie Gott direkt um Hilfe bitten können? Es ist sicherlich am besten, wenn Sie Ihren eigenen religiösen und spirituellen Glaubenssätzen folgen; und wenn Sie das Gefühl haben, es sei das Beste, nur mit Gott zu sprechen, dann ist das ohne Frage der richtige Weg für Sie. Ich persönlich habe gelernt, dass Engel stets die Botschafter sind, die für uns vermitteln, wenn wir den Schöpfer um Hilfe bitten. Anders ausgedrückt: Die Resultate sind dieselben, egal ob wir uns an Michael oder direkt an Gott wenden. Sie können den Allmächtigen bitten, Ihnen Michael zu schicken, oder Sie können den Erzengel direkt anrufen." (11f.)

Spätestens beim nächsten Textabschnitt wird dann deutlich, dass Virtue den Bezugsrahmen der christlichen Religion zugunsten einer populären Spiritualität verlassen hat: Michael sorge wie ein „Türsteher und Rausschmeißer" (12) dafür,

> „dass nur lichte Wesen reiner Liebe in Ihre Nähe kommen. Unterstützt von einer Legion von Engeln, bekannt als die ‚Gruppe der Barmherzigkeit', arbeitet Michael auch mit Jesus, Heiligen, anderen Erzengeln und religiösen Gottheiten." (12)

Ganz offen vertritt Virtue also einen Polytheismus, der zum christlichen Monotheismus nicht passt. Dementsprechend ist es kaum verwunderlich, dass in einem anderen ihrer Bücher[5] zu erfahren ist, in welcher Weise beispielsweise die aus dem indischen Kulturraum stammende elefantenköpfige Gottheit Ganesha angerufen werden kann. Dazu soll man Ganesh, wie sie ihn nennt,

> „visualisieren und sagen: ‚Geliebter Ganesh, ich danke dir, dass du heute meinen Weg ebnest, damit überall Harmonie und Frieden herrschen. Ich bin dir dankbar, dass du vor mir gehst und alle Hindernisse beseitigst, die mein Weiterkommen erschweren könnten. Hilf mir, heute den Segen in allem zu sehen, was mir begegnet. Danke.'" (105)

Was Virtue verkauft, ist also eine auf dem internationalen Markt sehr erfolgreiche Form populärer Spiritualität, die beim christlichen Glauben höchstens noch Anleihen macht. An Virtues Lebenshilfekonzept zeigt sich, was wohl für mehrere Ansätze im Bereich der Lebenshilfe gilt: Engel sollen dem oder der Einzelnen helfen, Glück und Gesundheit, gelingende Beziehungen oder Reichtum zu erlangen. Die angerufenen Engel selbst scheinen kein Problem damit zu haben, mit nicht-christlichen Gottheiten in Verbindung gebracht und angebetet zu werden. Eine dunkle Seite – wie sie in der Bibel dargestellt wird – ist an ihnen auch nicht zu erkennen.

Nicht nur in der Lebenshilfe finden sich Engel zuhauf, auch in der Esoterik sind sie heimisch geworden. Als Beispiel dafür sei auf das Angebot eines Ehepaares namens Eva-Maria Mora (sie ist Deutsche) und Michael Mora (er steht eigener Aussage nach in der schamanischen Tradition der Hopi-Apachen)[6] verwiesen, die auf ihrer Homepage das Konzept „Quantum Engel Heilung®" propagieren. Diese „Energiemedizin der neuen Zeit" sei „unter direkter Anleitung der Engel entwickelt" worden und sie schlage „eine Brücke zwischen Wissenschaft und Spiritualität"[7] (womit, so meine These, ein zentrales Kennzeichen neuzeitlicher Esoterik erfüllt ist[8]). Dieser Brückenschlag wird noch genauer formuliert:

> „In der menschlichen DNS sind Lichtcodierungen einprogrammiert, die durch die Erhöhung der energetischen Schwingung eines Menschen (z. B. durch dafür geeignete Meditationen, heilige Geometrie, Kristalle etc.) aktiviert werden können. Wenn dieses Potential, die göttliche Kraft der eigenen Seele aktiviert ist, kann ein Mensch alle Illusionen durchschauen und erkennen, was ist und wer er selbst ist. Er bekommt direkten Zugang zu sämtlichen Informationen über den eigenen Seelenauftrag und zu allen Dimensionen des

Universums. Er ist in der Lage, seine angeborene Hellsichtigkeit, Hellfühligkeit, die Fähigkeit zur Selbstheilung und andere spirituelle Fähigkeiten wieder gezielt zu nutzen. Alle Menschen, die bewusst mit ihrer Seele verbunden sind und die eigene göttliche Kraft aktiviert haben, strahlen Gesundheit, innere Ruhe, Kraft, Freude, Liebe und Glückseligkeit aus."[9]

Die Quantum Engel Heilung®

„basiert auf den Erkenntnissen aus der Quantenphysik. **Es ist eine neue Form der Energietherapie und der Kommunikation mit Engeln.** Revolutionär ist die Auflösung der Ursachen von Krankheiten und schwierigen Lebenssituationen, durch die Transformation emotionaler Programme, Glaubensmuster und blockierender Energien."[10]

Weiter heißt es:

„Die liebevollen Botschaften und hohen Energien der Engel unterstützen den wundervollen Transformations- und Heilungsprozess der Teilnehmer. Durch konkrete praktische Anleitungen wird es leicht und sicher, mit den Engeln zu kommunizieren. Die Energien der Engel sind für jeden deutlich spürbar (z. B. durch Licht, Farben, Wärme, Kribbeln)."[11]

Außerdem sind dort Kristall-Anhänger zu kaufen, etwa der „Engel Aura Kristall" zum Preis von 520,00 € „inkl. MwSt. und Lieferung", über den es heißt:

> „Klarer Quarz Kristall [sic[12]] in Verbindung mit Silber und Platin ist ein exzellenter Aura-Reiniger. Durch die hohe und feine Schwingungsfrequenz fällt es leichter mit Engeln und anderen Lichtwesen in Kontakt zu treten, die eigene Energie zu erhöhen und das eigene Bewusstsein zu erweitern. Der Kristall unterstützt somit den eigenen spirituellen Weg und die Erfüllung des Seelenauftrags."[13]

An der „Quantum Engel Akademie" kann man weiterhin eine Ausbildung auf der Basis der „Quantum Engel Heilung®"[14] absolvieren und dann eine eigene Praxis eröffnen. Damit steht das Angebot von Eva-Maria und Michael Mora auf der Schwelle zwischen der sogenannten Konsum- und der Systemesoterik: Einerseits lassen sich die Texte und Meditation kaufen und konsumieren, andererseits kann man an der „Quantum Engel Akademie" tiefer in dieses esoterische System eintauchen.

Engel haben bei der „Quantum Engel Heilung®" auch eine therapeutische Funktion:

„Kein irdischer Arzt oder Therapeut verfügt über die Fähigkeit, die genauen Ursachen sekundenschnell zu finden und umgehend dauerhafte Heilung herbeizuführen. Die Engel, unsere ‚himmlischen Ärzte' hingegen sind unabhängig von Zeit und Raum. Sie unterliegen keinerlei Einschränkungen. Engel haben kein Ego, sie wollen weder Macht, Geld, Kontrolle, noch gehören sie einer Organisation oder Institution an. Die Engel haben Zugang zur ‚kosmischen Datenbank', einer göttlichen Matrix, einem Bewusstseinsfeld, in dem alle Antworten und Möglichkeiten zu finden sind."[15]

An diesem Zitat fällt auf, dass Engel in erster Linie darüber definiert werden, was sie nicht sind. Engel fungieren demnach als Kontrastfolie menschlicher Schwächen und Fehler. Oder, um es positiv zu formulieren: In diesem Engelsbild drückt sich die Sehnsucht nach der Überwindung der menschlichen Begrenztheit aus. Dementsprechend heißt es in dem oben genannten Zitat über denjenigen, der die „eigene göttliche Kraft aktiviert" hat, er sei „in der Lage, seine angeborene Hellsichtigkeit, Hellfühligkeit, die Fähigkeit zur Selbstheilung und andere spirituelle Fähigkeiten wieder gezielt zu nutzen" und strahle „Gesundheit, innere Ruhe, Kraft, Freude, Liebe und Glückseligkeit aus" (s. o.).

Bei dem Angebot „Quantum Engel Heilung®" habe ich den Eindruck, dass es sich um den Versuch handelt, Menschen über positive Engels- und Selbstbilder für die eigenen Produkte zu gewinnen und damit Geld zu verdienen.

Im Blick auf das Thema „Engel" im esoterischen Bereich liegt die Annahme nahe, dass es dabei nicht selten eigentlich um die Überwindung menschlicher Schwächen, Fehler und Begrenzungen geht. Damit wären diese „Engel" im Grunde nichts anderes als ein sich in mythologischer Weise artikulierendes Grundmuster unserer westlich-abendländischen Kultur des stetigen Fortschritts und der permanenten Selbstoptimierung im gesellschaftlichen Wettstreit um Erfolg und Glück.

Angebote wie die von Virtue oder dem Ehepaar Mora sind keine Seltenheit. Engel sind in der Lebenshilfe und in der Esoterik beliebte Gestalten, insofern sie einerseits irgendwie spirituell, andererseits aber nicht auf eine bestimmte Religion festgelegt sind. Engel haben dabei (wie in den vorgestellten Beispielen deutlich zu sehen ist) verschiedene Aufgaben, die ihnen zwar schon seit dem Altertum zukommen, die sie in der heutigen Lebenshilfe und Esoterik aber anders erfüllen:

1. Engel offenbaren neue Botschaften. Im Altertum waren es letzte, ewige, göttliche Geheimnisse über das Ende der Welt, in der heutigen Lebenshilfe und Esoterik sind es z. B. neue Erkenntnisse über Erfolg, Liebe und Glück auf Internetseiten.
2. Engel werden mit Heilung assoziiert. Im Buch Tobit, das aus evangelischer Sicht den sogenannten Apokryphen der Bibel zuzurechnen ist, wird erzählt, wie ein junger Mann namens Tobit eine Frau heiratet, die von einem Dämon heimgesucht wird. Dieser Dämon namens Aschmodai hatte zuvor bereits sechs andere Bräutigame jeweils in der Hochzeitsnacht getötet. Tobit überlebt jedoch, weil der Erzengel Raphael ihm verrät, wie er den Dämon besiegen und die Hochzeitsnacht überleben kann. Zudem verrät ihm Raphael, was er tun muss, um seinem erblindeten Vater das Augenlicht zurück zu geben. Heute kann man spezielle Kristall-Anhänger kaufen, um sich die heilende Energie der Engel nutzbar zu machen.
3. Engel treten mit Menschen in Kontakt: War es einst nur sehr wenigen Menschen vorbehalten, von einem Engel besucht zu werden, lässt sich der Umgang mit Engeln heute in einer Akade-

mie oder mit Hilfe eines Buches gezielt erlernen und anwenden.

Es lassen sich also Änderungen im Verständnis davon feststellen, was Engel sind und tun.

Engel begegnen uns aber nicht nur in Lebenshilfe und Esoterik, auch in popkulturellen Filmen spielen sie eine wichtige Rolle. Dabei kommen sie in sehr unterschiedlichen filmischen Genres vor, so etwa im Horrorfilm (etwa in „God's Army – Die letzte Schlacht" von 1995 mit Christopher Walken oder in „Legion" von 2010 mit Paul Bettany in den Hauptrollen), weiter im Drama (so in „Der Himmel über Berlin" von 1987 von Regisseur Wim Wenders), im Liebesfilm (in der Adaption von „Der Himmel über Berlin" in „Stadt der Engel" von 1998 mit Nicolas Cage und Meg Ryan in den Hauptrollen), im frommen Erbauungsfilm (etwa in „Den Himmel gibt's echt" von 2014 unter der Regie von Randall Wallace) und in der Komödie (so z. B. in „Der Engel mit der Trompete" von 1945 von Regisseur Raoul Walsh oder in „Michael" von 1996 mit John Travolta und Andie MacDowell in den Hauptrollen).

Im Folgenden gehe ich exemplarisch auf den Horrorfilm „Legion" ein, er stammt aus dem Jahr

2010. Regie führte Scott Stewart, es spielten u. a. Paul Bettany und Dennis Quaid mit, also durchaus bekannte Schauspieler. Der Film greift dezidiert religiöse Inhalte auf, verfolgt dabei aber kein religiöses Ansinnen, sondern will in erster Linie unterhalten, d. h. Geld einspielen.

An einem 23. Dezember (ohne Jahr) fällt der Erzengel Michael vom Himmel zur Erde. Er hat den göttlichen Auftrag, eine Mutter und ihr ungeborenes Kind (eine Art zweiter Erlöser der Menschheit, obwohl dieser Begriff nicht fällt) zu töten, denn Gott hat seinen Glauben an die Menschheit verloren und möchte sie nun endgültig vernichten, wie einst mit der Sintflut. Michael jedoch widersetzt sich dem göttlichen Auftrag, weil er sich seine Liebe zu den Menschen bewahrt hat. Nachdem er sich selbst seine Flügel abgeschnitten und sich mit Waffen eingedeckt hat, macht er sich auf den Weg, um besagte Mutter (namens Charlie) und ihr Kind vor dem Angriff der anderen Engel zu beschützen.

Charlie ist im 8. Monat schwanger und steht kurz vor der Geburt. Sie jobbt als Kellnerin in einer Gaststätte mit Werkstatt und Tankstelle in „Paradise Falls“, einer Barackensiedlung mitten in der Einöde. Der Sohn des Besitzers, Jim, ist in sie verliebt (obgleich das Kind nicht von ihm ist) und wird von Albträumen geplagt, in denen er sieht, dass er Charlie beschützen muss.

Bald ist Paradise Falls von der Außenwelt abgeschnitten. Fernsehen, Radio und Telefon funktionieren nicht mehr. Eine ältere Dame, die das Restaurant als Gast betritt, entpuppt sich als von einem Engel besessen und versucht, die Gäste zu töten. Riesige Insektenschwärme fallen über die Ortschaft her. Mehr und mehr von Engeln besessene Menschen kommen in Autos in die Einöde gefahren und belagern die Gaststätte und jene, die sich dort aufhalten.

Michael erreicht Paradise Falls gerade noch rechtzeitig, um Waffen zu verteilen, sich mit den letzten normalen Menschen vor Ort zu verbarrikadieren, sie kurz über die Situation zu informieren und das Feuer zu eröffnen.

Nach und nach fallen die Menschen den angreifenden Engeln zum Opfer. Schließlich greift gar der Erzengel Gabriel ins Geschehen ein (begleitet durch den gewaltigen Lärm dröhnender Posaunen), der Michaels Aufgabe zu Ende führen soll. Zwar können Charlie und Jim (mit dem inzwischen geborenen Kind) fliehen, doch schon bald werden sie erneut von Gabriel verfolgt.

In einer letzten Schlacht wird Gabriel von Michael besiegt, so dass die Menschheit gerettet ist. Mit seinem Einsatz für die Menschen hat Michael es schließlich sogar geschafft, Gott von seinem Vernichtungsplan gegen die Menschheit abzubringen.

Der Film steht in der Linie des metaphysischen Horror-Genres, man denke an „God's Army" (mit Christopher Walken), an „End of Days" (mit Arnold Schwarzenegger) oder an „Constantine" (mit Keanu Reeves). Er ist dabei recht geradlinig inszeniert, doch die zahlreichen logischen Brüche werden dadurch nicht überdeckt. Die Dialoge sind recht hölzern und tragen nicht immer zum Verständnis der Handlung bei. Im Blick auf einzelne Motive bietet der Film kaum Neues: Engel auf Vernichtungsfeldzug kennt das Publikum spätestens seit „God's Army", besessene Omas, hinterhältige Fallen, mordende Kinder und ein blutrünstiger Mob gehören zu den Stereotypen des Genres.

Neu ist höchstens die Darstellung der Engel: Nichts an ihnen ist freundlich oder vertrauensfördernd. Sie erinnern im Blick auf ihr Auftreten und ihre Ausrüstung eher an martialische römische Legionäre (daher vielleicht der Titel „Legion"), die ihren Feinden mit mächtigen Waffen und stahlharten, rasiermesserscharfen Flügeln zu Leibe rücken.

Viele der im Film inszenierten Motive erinnern erst einmal an Elemente aus der jüdisch-christlichen Tradition: Die Vorstellung eines Gottes, der von den Menschen genug hat und daher beschließt, sie zu vernichten (Sintflut); ein Gott, der als Oberbefehlshaber einer gewaltigen und tödlichen himmlischen Armee erscheint (Herr Zebaot) und dessen Erscheinen vom gewaltigen Klang von Posaunen begleitet wird, so dass die Grundfesten der Erde ins Wanken geraten (Fall Jerichos). Auch die Ähnlichkeiten zwischen Charlie/Jim/Baby und Maria/Josef/Jesus sind nicht zufällig: Jim ist nicht der Vater des Kindes, kümmert sich aber dennoch – inspiriert durch seine Träume – um Charlie usw.

Anders als in der jüdisch-christlichen Tradition reagieren die Menschen im Film auf Gottes Zorn aber nicht etwa mit Buße, Einsicht oder mit der Bitte, Gott möge sich seiner Barmherzigkeit erinnern. Jesus Christus spielt im Film keine Rolle – Vergebung und Versöhnung spielen keine Rolle. Auch die Geburt des Kindes kann Gottes Feldzug nicht aufhalten. So gibt es für die Menschen nur zwei gleichermaßen traurige Optionen: Tod oder (ausweglose) Flucht.

Letztlich ist es alleine Michael, der Gott durch seinen Einsatz für die Menschen dazu bewegen kann, von seinem Zorn abzulassen. Am Ende ist also Michael der Erlöser. Der Himmel macht die Sache sozusagen mit sich selbst aus, während Menschheit und Schöpfung der göttlichen Willkür ausgesetzt sind. Die Frage nach dem Bösen erübrigt sich in dieser Filmwelt von selbst: Wenn Gott böse ist, braucht es keinen Teufel.

In der Summe zeigt sich: „Legion" ist ein populärkulturelles Beispiel dafür, dass religiöse Traditionen heute *Open Source*[16] sind. Einerseits verwendet der Film bewusst religiöse Traditionen, andererseits impliziert er zugleich erhebliche Kritik an traditionellen christlichen Vorstellungen.

Schließlich lohnt es sich, den Blick auch noch auf das esoterische Christentum zu werfen und dort aufgefundene Engelsvorstellungen näher zu betrachten. Als Beispiel sollen die Ansichten Egon Wenbergs dienen, die er 1994 geäußert hatte.

Die Zeitschrift „esotera" druckte in der Juli-Ausgabe 1994 ein mehrseitiges Interview mit diesem protestantischen Theologen ab, der im selben Jahr sein Buch „Ein Plädoyer für Engel" veröffentlichte.[17] Wenberg erzählt davon, im Jahr 1972, als er Pfarrer in Berlin-Spandau war, mehrfach und schwer krank gewesen zu sein (vgl. 43f.). Nachdem er die „Geistheilerin" (44) Gerda Fiedler kennengelernt habe, sei er von einem Darmtumor und einer schweren Herzrhythmusstörung geheilt worden (vgl. 44).

Gerda Fiedler, so berichtet Wenberg überzeugt, sei „selbst eine Engelinkarnation" (44) gewesen und habe „in ihrem früheren Leben *Klara von Assisi*" (44) geheißen. Von Frau Fiedler erfuhr Wenberg scheinbar viele weitere Details über Wesen, Hierarchien und Aufgaben der Engel. So könne ein Mensch nach dem Tod „zu einem Engel" werden, „wenn er eine wirklich reife Seele geworden ist, und das kann 1000 bis 2000 Jahre […] dauern" (45). Eine Alternative dazu sei die „Reinkarnationslehre", aber auch hier dauere es „80 bis 100 Leben" (45).

Die „Schutzengel", so wusste Wenberg damals zu berichten, seien „die kleinen, die jungen, der ‚Nachwuchs' sozusagen" (45). Dieser „rekrutiert sich aus den Seelen der Verstorbenen […], ein Prozeß [sic], der Jahrtausende dauern kann" (45). Daneben gebe es übrigens auch solche Engel, die „von Anfang an geschaffen wurden. Das sind die Erzengel wie zum Beispiel *Gabriel*" (45).

Über den Schutzengeln stünden die „Führungsengel" (45), die ihrerseits „schon zehn bis zwanzig Seelen schützen oder führen" (46) könnten. Während ein Schutzengel „vielleicht tausend bis dreitausend Jahre alt ist", sei ein Führungsengel „zehn- bis dreißigtausend Jahre alt" (46).

Über den Führungsengeln wiederum stünden nach Wenbergs damaliger Ansicht die Heilengel. Dabei war Wenberg der Ansicht, dass der Heilengel, der ihn selbst „mindestens dreimal geheilt hat" (46), „früher ein ganz großer Röntgenologe und Chirurg" (46) war. Allerdings erklärte Wenberg nicht, wie dieser Heilengel in so kurzer Zeit (die Röntgenstrahlung wurde von Wilhelm Conrad Röntgen erstmals 1895 beobachtet) einen so hohen Status in der Engelhierarchie erreichen und zwei Beförderungen sozusagen überspringen konnte, wenn es doch nach Wenbergs Ansicht Zehntausende von Jahren dauerte, bis ein Engel den Status eines Heilengels erreicht hat.

Wenberg selbst wollte in dauerndem Kontakt zu seinem Engel stehen: „Ich bitte um etwas oder ich bedanke mich." (47) Dessen Anwesenheit wollte er auch spüren können: „Man wird ruhig, glücklich, gelassen. Man spürt es wie einen Segen." (47)

Egon Wenberg wurde schließlich als „Pfarrer

a. D." und „Angelologe" in einer Sendung des Deutschlandfunks über eine „Lange Nacht der Engel" im Jahr 2005 mit folgenden Worten zitiert:

> „Ich glaube, dass der Mensch, wenn er den hohen Stand seiner geistigen Entwicklung erreicht hat, Erkenntnis, Liebe, Selbstlosigkeit, Vieles, und seine vielen negativen Dinge, Versäumnisse, Fehler, abgelegt hat, ich glaube, dass er dann einmal ein Engel sein wird."[18]

Die Vorstellung, dass Menschen Engeln gleich werden können (nicht unbedingt, dass sie *zu* Engeln werden), geht womöglich auf Mk 12, 18–27 zurück, wo Jesus die Frage der Sadduzäer nach den Eheverhältnissen bei der Auferstehung mit dem Hinweis auf die Ehelosigkeit der Engel beantwortet: „Denn wenn sie von den Toten auferstehen, so werden sie weder heiraten noch sich heiraten lassen, sondern sie sind wie die Engel im Himmel." (Vers 25; vgl. auch Mt 22, 30 und Lk 20, 34ff.) Allerdings erfahren wir von Jesus an dieser Stelle nichts über eine vorher notwendige moralische Höherentwicklung, wie sie von Wenberg formuliert wurde.

Nach diesem kurzen Blick auf die Gegenwartskultur und ihre Faszination für Engel dürfte als erster Befund festzuhalten sein, dass es keinen gemeinsamen weltanschaulichen, religiösen oder sprituellen Nenner all dieser sehr unterschiedlichen Engelsvorstellungen gibt. Traditionelle Vorstellungen über Engel sind heute *Open Source* und können von jedem nach Belieben verknüpft, vermischt, verändert und verbreitet werden. Mit anderen Worten: Beim „Engel" handelt es sich mittlerweile um einen sogenannten Containerbegriff der spätmodernen Spiritualität, und dies dürfte (zumindest teilweise) auch zu seiner Popularität beitragen: Wer von Engeln spricht, muss sich zu nichts bekennen, kann alles glauben und braucht sich dafür vor niemandem zu rechtfertigen.

3. Was wollen die Menschen über Engel wissen?

Menschen begegnen in der Gegenwart Engeln. Manche Zeitgenossen, die entweder selbst oder deren Angehörige oder Bekannte Erfahrungen mit Engeln gemacht haben (oder die sich wünschen, solche Erfahrungen zu machen) wenden sich in Internetforen und auf virtuellen Ratgeberplattformen an andere, um deren Ansichten und Meinungen dazu zu erfragen. Aus solchen Anfragen und Beiträgen lässt sich darauf zurückschließen, welche Aspekte an oder Fragen zu Engeln Menschen heute bewegen und worauf eine evangelische Engelslehre heute zu antworten hätte.

Im Folgenden werden sechs Fallbeispiele wiedergegeben, in denen Menschen andere User um Rat in Sachen „Engel“ gefragt haben:

1. **Die Erscheinungsweise von Engeln:**
   Auf der Seite https://www.gutefrage.net/frage/hat-jemand-von-euch-schonmal-engel-gese-

hen-gehoert-oder-ihre-anwesenheit-gespuert/ (letzter Zugriff am 5.3.2019) möchte „sneuker“ wissen: „Hat jemand von Euch schonmal Engel gesehen, gehört oder ihre Anwesenheit gespürt? Wenn ja, wie habt Ihr sie wahrgenommen?“

„sneuker“ fragt also nach der Erscheinungsweise von Engeln: Wie werden sie sinnlich („gesehen, gehört“) oder taktil bzw. emotional („gespürt“) wahrgenommen?

2. **Die Abweichung vom Alltag:**
   Auf https://www.gutefrage.net/frage/mein-sohn-fantasiert-staendig-von-imaginaeren-wesen/ (letzter Zugriff am 5.3.2019) erzählt „glueckspilz85“ davon, dass ihr Sohn („2 Jahre und 8 Monate alt“) anscheinend öfters sowohl „abends“ als auch „morgens im Bett“ eine für die Mutter unsichtbare Gestalt sieht, die er als „Hell“ [sic] beschreibt und als „Engel“ bezeichnet. Zur Mutter, der es angesichts dieser Sichtungen „bisschen unheilich“ [sic] ist, meinte der Sohn: „Nicht Angst haben ….lieb“. Als die Schwester des Jungen einmal sehr hohes Fieber hatte, will der Sohn eine andere Art Engel gesehen haben, die er als „Schwarz“ [sic] und

„böse" charakterisiert. Von den anderen Usern erhofft sich die Mutter nun einen Rat zum Umgang mit der Situation: „Ich weiß nicht was ich machen soll...weil es mittlerweile immer mehr wird, nicht das [sic] er sich lächerlich macht. Soll ich einfach ignorieren, [sic] oder ihm sagen das [sic] da niemand ist?"

„glueckspilz85" ist sich bewusst, dass die Wahrnehmung von Engeln nicht zum normalen Alltag gehört, und sie möchte ihren Sohn davor bewahren, sich „lächerlich" zu machen.

3. **Gute und böse Engel:**

Auf https://www.gutefrage.net/frage/engelerscheinung/ (letzter Zugriff am 14.9.2017) erzählt „amosalvina", dass ihrer Freundin im Alter von 13 Jahren ein „Männlicher [sic] fast nackter Engel mit Flügeln" erschien, der „vor ihren [sic] Fenster stand und sie beobachtete". Auch ein „helles licht [sic]" war zu sehen, es „war für Sie ein gefühl [sic] der Geborgenheit es taten ihre Augen auch nicht weh". Dann habe der Engel die Freundin durch eine Geste aufgefordert, das Fenster zu öffnen und ihm die Hand zu reichen, was sie jedoch nicht tat. Für ihre Freundin stellt „amosalvina" nun folgende Fragen: „War das

ein guter Engel oder ein böser Engel? Was bedeutet diese Erscheinung? Wollter [sic] er das [sic] Sie sich hinaus stürzt?"
„amosalvina" möchte wissen, wie ihre Freundin gute und böse Engel unterscheiden kann und was die Erscheinung beabsichtigte.

4. Die Unterscheidung von Engeln und Geistern:

Auf https://www.gutefrage.net/frage/mein-kleiner-bruder-fast-4-jahre-sieht-komische-dinge/ (letzter Zugriff am 14.9.2017) erzählt „Emogirl98", wie ihr 4-jähriger Bruder eine angsteinflößende Gestalt unter seinem Bett gesehen haben will: „Er hat eine kleine weiße gestalt [sic] unterm [sic] bett [sic] gesehen..ohne haare [sic] ..wie ein baby [sic] ..engel [sic] ..keine ahnung [sic]". „Emogirl98" schreibt weiter: „Das ist voll gruselig und mein Bruder hat sich das nicht eingebildet". Schließlich will sie von den andern Usern wissen: „War das vllt. [sic] ein engel [sic], geist [sic] o.ä?"
„Emogirl98" möchte wissen, wie sie Engel und Geist voneinander unterscheiden kann. Vermutlich erhofft sie sich auch, den empfundenen Grusel zu überwinden.

5. Die Kontaktaufnahme mit Engeln

(dazu zwei Fallbeispiele):

Auf https://www.gutefrage.net/frage/hat-mein-schutzengel-einen-namen/ (letzter Zugriff am 14.9.2017) berichtet „rotesAuge“, ihr/ihm habe eine „Dame […] mal gesagt, mein Schutzengel sei ganz groß und bunt – wie ein Regenbogen.“ Weil „rotesAuge“ glaubt, dass ihr/sein Schutzengel ihr/ihm „schon so oft geholfen“ habe, will sie/er nun „gern mehr über ihn rausfinden“. Von den anderen Usern will sie/er wissen: „geht das?“

Auf https://www.gutefrage.net/frage/hatte-ich-eben-kontakt-zu-meinem-schutzengel/ (letzter Zugriff am 5.3.2019) erzählt „juliaehmann“, wie sie „gerade“ versucht habe, Kontakt zu ihrem Schutzengel aufzubauen: „ich habe mir eine kerze [sic] angezündet und mir weiße blumen [sic] hingestellt und ein paar minuten [sic] gesungen , [sic] dann habe ich in gedanken [sic] ihn herbei gerufen.“ Daraufhin geschah Folgendes:

„ich fühle eine starke enerie [sic] wie als wenn amn [sic] eine achterbahn [sic] herrunter [sic] fährt meine kerze [sic] fing an zu flackern und machte geräusche [sic] wie ein bunsenbrenner

[sic] bloß leiser , [sic] ich streckte meine hand [sic] aus und habe ihn gefragt ob er mich anfrassen [sic] kann und ich habe etwas gespürt, nicht so wie eine normale menschen [sic] hand [sic] , aber trozdem [sic] etwas das was mich berührt hat, und es hat gekribbelt".

„juliaehmann" möchte nun von den anderen Usern wissen: „hatte ich kontakt [sic] mit meinem engel [sic]? Und wie kann ich mit ihm reden und ihn sehen?" Es geht ihr also um die Frage einer methodisierbaren, zuverlässigen Kontaktaufnahme und vielleicht stellt sie sich vor, dafür eine Art Ritual durchführen zu müssen – ähnlich wie dasjenige Ritual, von dem sie berichtet.

Wenn man nun diese sechs Fallbeispiele mit dem vergleicht, was die theologische Tradition über „Natur", „Status" und „Geschäft" der Engel (s. u.) formuliert hat, so fällt auf:

1. Bis heute haben Menschen ein Interesse an der Erscheinungsweise von Engeln: Wie sehen Engel aus, wie nimmt man sie wahr?
2. Hinter der Frage nach der Erscheinungsweise steht die Frage nach der Realität oder Wirklichkeit der Engel. In der Spätmoderne kommt die

Wahrnehmung von Engeln jedoch einer Abweichung von der Normalität gleich; somit geht es bei Engelsbegegnungen immer auch um eine radikale Infragestellung der Normalität. Nach einer Engelserscheinung können sich Menschen also fragen: „Ist die Realität wirklich nur das, was ich immer dachte, dass sie ist?" Umgekehrt kann sich im Anschluss an eine solche Begegnung die Sorge melden, vielleicht krank zu sein: „Bin ich verrückt?"

3. Ähnlich wie in den theologischen Traditionen spielt die Frage nach der Stellung der Engel zwischen Gut und Böse noch immer eine Rolle, wobei diese Frage in der Spätmoderne wohl in erster Linie auf die Überwindung eigener Ängste abzielt: Es geht um eine Bewältigungsstrategie, um emotional mit der Vorstellung von bösen Engeln umzugehen.
4. Weiter fällt auf, dass Engel in der Spätmoderne eine massive Einschränkung ihres traditionellen Aufgabenspektrums in Kauf nehmen mussten: Engel sind heute nur noch als Schutzengel gefragt. Ihre anderen Dienste (etwa der Lobpreis Gottes) werden nicht mehr benötigt.
5. Zeitgenössische Menschen fragen nach der Unterscheidung von Engeln und Geistern. An-

scheinend ist diese Differenzierung weiterhin sinnvoll und wichtig.

6. Einige Menschen haben das Bedürfnis, von sich aus und in methodisch zuverlässiger Weise Kontakt zu Engeln aufzubauen.

4. Was steckt hinter der heutigen Faszination für Engel?

Woher kommt die gegenwärtige Faszination der Menschen für Engel und wie lässt sie sich verstehen? Dazu seien drei Antworten skizziert.

Der Religionssoziologe Peter L. Berger hat sich in seiner Veröffentlichung „Auf den Spuren der Engel" mit der „Wiederentdeckung der Transzendenz"[19] beschäftigt. Man könnte seinen Ansatz folgendermaßen zusammenfassen und auf das Thema Engel hin zuspitzen: Engelsbegegnungen sind Transzendenzerfahrungen, und als solche brechen sie die im Alltag herrschenden Regeln auf. Sie stellen unsere Ideologien und unsere geschlossenen Weltbilder in Frage. Sie zeigen uns, dass die Wirklichkeit im Grunde offen ist, dass die Dinge also nicht so sein müssten, wie sie gerade sind. Engelsbegegnungen wären dann Hinweise darauf, dass Menschen sich gegen die faktischen Zustände in der Welt auflehnen (vgl. 156ff.).

Ingrid Riedel, Psychotherapeutin und Lehranalytikerin am C.G.-Jung-Institut in Zürich, stellt in ihrer Monographie „Die Welt von innen sehen“[20] mit Blick auf die „Engelwelle“ die Frage: „Was geht hier vor in der Kollektivpsyche?“ (35) Im Anschluss an Jung ist Riedel der Ansicht, dass „diejenigen Archetypen jeweils belebt werden, die dem kollektiven Bewusstsein zu der Zeit am meisten fehlen“, und dies scheine gegenwärtig im Archetyp des Engels zu geschehen (37f.). Die weitläufige Faszination für Engel wäre dann Ausdruck „einer Selbstregulation der Psyche“ (38) der Gesellschaft.

Dabei deutet Riedel das Erscheinen des Archetyp Engel in verschiedener Hinsicht:

> „Als Boten übergeben die Engel den Menschen einen Auftrag. Dass Engel heute wieder belebt werden, auch erlebt werden, bedeutet, dass offenbar ein Bedürfnis besteht, einen Auftrag zu bekommen, vielleicht sogar eine Berufung, und das Leben wieder bezogen auf etwas Größeres zu erleben, das über die Unverbindlichkeit der Postmoderne hinausführt. […] Wo Engel auftreten, weicht letztlich die Angst, die ein Kennzeichen unserer krisengeschüttelten Zeit und der entsprechenden seelischen Verfassung unserer Mitmen-

schen ist: Als Kompensation tritt die Sehnsucht nach schützenden Mächten auf. Die Wiederbelebung der Engel kompensiert die Angst, die im kollektiven Bewusstsein vorherrscht, das Gefühl vieler, nicht mehr allein zurechtzukommen." (36f.)

Der theologische Ethiker Traugott Jähnichen schließlich stellt in einem Aufsatz von 2011[21] die These auf, dass Engel „ideale Medien der Kontaktaufnahme mit dem eigenen Selbst und der Gestaltung des Selbst" (130) seien. Um zu verstehen, wie er das meint, muss man sich Folgendes klarmachen: Jähnichen stellt fest, dass sich moderne Spiritualität im Grunde „um das eigene Selbst [dreht, Einf. d. Verf.], so dass die Religion faktisch zur ‚Selbst-Religion' werde" (137). Der „Engel-Glaube" ist für ihn „eine typisch individualistische Form moderner Spiritualität", „weil Engel und die Erfahrungen mit Engeln einen sehr persönlichen Bezug ausdrücken, insbesondere in der Form des Schutzengels" (137). Somit ist die Engel-Spiritualität im Grunde ein „populärer Ausdruck einer religiös orientierten Sorge um das eigene Selbst" (137) und Engel seien ideale „Projektionsflächen für die Selbst-Suchenden" (138). Mit anderen Worten: Wer sich mit seinen Engeln befasst, befasst sich im Grunde mit sich selbst, und er tut es, weil dieses Selbst Sorgen macht, weil die eigene Identität prekär und gefährdet ist. Engel wären also jene Wesen, die die eigene prekäre Identität stabilisieren sollen. Schutzengel beschützten also in erster Linie das gefährdete Selbst jener, die an sie glauben.

5. Was sagt die Bibel über Engel?

Nach diesem Blick auf Engel in der esoterischen, spirituellen, popkulturellen und religiösen Gegenwartskultur gilt es nun, die biblischen Zeugnisse über Engel anzusehen.

Im Alten Testament gibt es drei verschiedene Arten von Engeln, die erst in späterer Zeit unter dem Begriff „mal'āk" (hebr.) oder „angelus" (lat.) für „Bote" zusammengefasst wurden.[22]

Zum einen sind da menschenähnliche Boten Gottes – wobei nicht immer deutlich zwischen Gott und Boten unterschieden wird (vgl. 1030f.). Ein Beispiel ist dafür die Erzählung in Gen 18, als Gott dem Abraham in Mamre in Gestalt dreier Männer begegnet:

> „Und der HERR erschien ihm im Hain Mamre, während er an der Tür seines Zeltes saß, als der Tag am heißesten war. Und als er seine Augen aufhob und sah, siehe, da standen drei Männer vor ihm." (Verse 1 und 2)

Als menschenähnliche Boten haben die Engel auch die Aufgabe, Menschen zu schützen. So heißt es in Psalm 91,11–12: „Denn er hat seinen Engeln befohlen, dass sie dich behüten auf allen deinen Wegen, dass sie dich auf den Händen tragen und du deinen Fuß nicht an einen Stein stoßest." Dabei beschreibt der Psalm eindringlich die Bedrängnisse in einem Heerlager und im Kampfeinsatz: Es ist die Rede von „Pest" (Verse 3 und 6) und „Seuche" (Vers 6), vom „Grauen der Nacht" (Vers 5), vom „Pfeil, der des Tages fliegt" (Vers 5), vom Kampf, wenn „tausend fallen zu deiner Seite und zehntausend zu deiner Rechten" (Vers 7). Der Psalmbeter hofft also darauf, im militärischen Einsatz von Engeln bewahrt zu werden. An eine Bewahrung vor jeglicher Art von Unheil, die das menschliche Leben mit sich bringt, ist hier nicht gedacht.

Von diesen menschenartigen Boten zu unterscheiden sind zwei andere Engelsgattungen, die im Alten Testament v. a. im Bereich des Jerusalemer Tempelkultes vorkommen: Von den Kanaanäern wurden vermutlich die sphingenartigen Cherubim – Mischwesen aus Löwen und Menschen – übernommen, wie sie etwa in Hes 1, 4ff. geschildert werden: „Ihre Angesichter waren vorn gleich einem Menschen und zur rechten Seite gleich einem Löwen“ (Vers 10). Auf diesen Cherubim „reitet bzw. thront Jahwe“ (1031) im kultisch-kosmologischen Verständnis.

In Gen 3,24 wird außerdem erwähnt, dass Gott nach der Vertreibung von Adam und Eva aus dem Garten Eden „die Cherubim mit dem flammenden, blitzenden Schwert“ davor lagern ließ, „zu bewachen den Weg zu dem Baum des Lebens.“ Wir haben es also bei dem Cheruben mit furchteinflößenden und sehr wehrhaften himmlischen Wesen zu tun, die in erster Linie das Heilige bewahren und beschützen.

Die zweite Engelsgattung, die zum Bereich des Tempelkultes gehörte, waren die Seraphim, „geflügelte Schlangen“ (1031), die in Jes 6,2–3 beschrieben werden:

> „Serafim standen über ihm; ein jeder hatte sechs Flügel: Mit zweien deckten sie ihr Antlitz, mit zweien deckten sie ihre Füße und mit zweien flogen sie. Und einer rief zum andern und sprach: Heilig, heilig, heilig ist der HERR Zebaoth, alle Lande sind seiner Ehre voll!“

Die Aufgabe der Serafim bestand also darin, Gott zu loben. Im Fachjargon ausgedrückt: Sie hatten eine doxologische Funktion (von altgriechisch

„doxa" für „Herrlichkeit" oder „Ehre" und „logos" für „Wort" oder „Lehre").

Überblickt man die neutestamentlichen Zeugnisse, so wird deutlich, dass dort alle Engelserscheinungen so gut wie ausschließlich mit Christus und mit der Verbreitung seines Evangeliums in Zusammenhang stehen. Alle anderen angelologischen Aspekte, die für heutige Menschen interessant sein könnten – etwa die Frage nach dem Wesen der Engel, nach ihrem Aussehen und ob sie Menschen in gefährlichen Situationen beschützen – treten demgegenüber in den Hintergrund.

Dennoch sei die Frage, wie Jesus und seine Zeitgenossen Engelserscheinungen wahrgenommen haben, an den Anfang gestellt. Was erfahren wir aus den alten Texten?

Engel erscheinen üblicherweise einzeln. Nur in drei Ausnahmen wird von dem Erscheinen von mehr als einem Engel berichtet:

Bei der Geburt Jesu tritt zunächst nur ein einziger Engel zu den Hirten auf dem Feld, so dass die „Klarheit des Herrn" um sie „leuchtete" (Vers 9), doch „alsbald war da bei dem Engel die Menge der himmlischen Heerscharen, die lobten Gott" (Vers 13). Hier spielt demnach die (schon im AT vorgefundene) doxologisch-kultische Funktion der Engel eine entscheidende christologische Rolle: Durch ihren Lobgesang machen die Engel deutlich, dass das Jesuskind göttlich ist.

Nach der Versuchung Jesu durch Satan traten Engel (im Plural) zu Jesus und „dienten ihm“ (Mt 4,11; Mk 1,13). Auch hier dürfte es in erster Linie darum gehen, Jesu Göttlichkeit zur Darstellung zu bringen: Wenn Engel ihm dienen, bedeutet das, dass er über ihnen steht.

In den Geschichten von der Auferstehung Jesu wird in Lk 24,4 und Joh 20,12 von zwei Engeln erzählt, die den Frauen (Lk 24) bzw. Maria (Joh 20) erschienen. Hier dürfte die oben für das Alte Testament beschriebene kultische Funktion der Engel von Bedeutung sein, insofern die Auferstehung Jesu das Urdatum des späteren christlichen Kultes darstellt[23]. Christen feiern ihre Gottesdienste am Sonntag, weil Christus an einem Sonntag von den Toten auferweckt wurde.

Das Aussehen der neutestamentlichen Engel wird nirgends beschrieben. Selbstverständlich wird davon ausgegangen, dass sie männlich sind. Wo es eine nähere Charakterisierung ihrer Erscheinung gibt (und zwar nur zweimal, einmal bei der Geburt Jesu und einmal bei seiner Auferstehung), wird lediglich von begleitenden Lichterscheinungen erzählt, während das konkrete Aussehen der Engel keine Rolle spielt: In Lk 2,9 heißt es, „die Klarheit des Herrn leuchtete um“ den Engel, der den Hirten erschien. In Mt 28,3 wird von dem Engel, der den Stein vom Grab wälzt und zu den Frauen spricht, gesagt: „Seine Erscheinung war wie der Blitz und sein Gewand weiß wie der Schnee.“ In der entsprechenden Parallele in Lk 24,4 heißt es, dass zu den Frauen „zwei Männer in glänzenden Kleidern“ traten. In Joh 20,12 sprechen „zwei Engel in weißen Gewändern“ mit Maria.

Nicht alle Engel, die auf Erden unterwegs sind, geben sich laut Auskunft des Neuen Testaments als solche zu erkennen. Einige scheinen gleichsam inkognito unterwegs zu sein. Daher fordert Hebr 13,2 auf: „Gastfrei zu sein vergesst nicht; denn dadurch haben einige ohne ihr Wissen Engel beherbergt.“

Jesus vertritt weiter die im Frühjudentum verbreitete Ansicht, dass die Gerechten im Himmel von Engeln vertreten werden, die „über das Tun u. Lassen ihres Schutzbefohlenen vor Gott Bericht erstatten u. Zeugnis ablegen“[24]. Allerdings deutet Jesus diese Vorstellung so, dass (nur) die Engel der „Kleinen“, die an ihn glauben (Mt 18,10f., vgl. Mt

18,6), für sie im Himmel stehen. Außerdem lässt Jesus seine Zeitgenossen wissen, dass Engel nicht heiraten (Mt 22,30; Mk 12,25; Lk 20,35) und nicht sterben (Lk 20,36).

In der Geschichte von dem armen Lazarus und dem reichen Mann begleiten Engel den verstorbenen Lazarus – und damit möglicherweise nach Ansicht Jesu jeden verstorbenen Gerechten – in Abrahams Schoß (Lk 16,22), sie sind quasi eine Art himmlischer „Abholdienst“.

Engel, so erfahren wir weiter von Jesus, freuen sich über jeden Sünder, der Buße tut (vgl. Lk 15,10). Letzteres liegt möglicherweise daran, dass sie nach Jesu Ansicht so etwas wie Gottes Exekutive am Ende der Welt sind (Mt 13; 16; 24; 25, Mk 8; 13, Lk 9; 12): Sie scheiden dereinst Böse und Gerechte (Mt 13,49: „So wird es auch am Ende der Welt gehen: Die Engel werden ausgehen und die Bösen von den Gerechten scheiden.“) und sammeln die Gerechten (Mt 24,31: „Und er wird seine Engel senden mit hellen Posaunen, und sie werden seine Auserwählten sammeln von den vier Winden, von einem Ende des Himmels bis zum andern.“). Allerdings kennen auch die Engel nicht die Stunde des Gerichts (Mt 24,36; Mk 13,32).

Quer durch alle vier Evangelien wird deutlich,

dass die dort erzählten Engelserscheinungen ausschließlich in Zusammenhang mit Jesus stehen. Immer wieder sorgen sie dafür, dass sein Leben und das Leben derjenigen, die für ihn besonders wichtig sind, beschützt wird. Engel tauchen daher bei der Ankündigung der Geburt Johannes des Täufers auf (vgl. Lk 1), außerdem rund um Ankündigung, Schwangerschaft und Geburt Jesu sowie bei seiner Flucht nach bzw. Rückkehr aus Ägypten (vgl. Mt 1–2 und Lk 1–2). Eine herausgehobene Rolle spielt in den matthäischen Varianten dieser Geschichten Josef, insofern ihm dreimal im Traum ein Engel erscheint (Mt 1,20; 2,13.19).

Wie bereits erwähnt erscheinen nach der Versuchung Jesu durch Satan ebenfalls Engel und dienen ihm (Mt 4,11; Mk 1,13). Zuvor zitiert Satan übrigens den schon besprochenen Psalm 91,11–12 (Mt 4,6; Lk 4,10), in dem es wie dargestellt um engelischen Beistand im Kampfeinsatz geht. Satan will Jesus so dazu überreden, sich von der Zinne des Tempels hinunterzuwerfen.

Als Jesus in der Nacht vor seiner Kreuzigung im Garten Gethsemane gefangen genommen wird und einer der Jünger Jesus mit seinem Schwert schützen will, sagt Jesus zu ihm: „meinst du, ich könnte meinen Vater nicht bitten, und er würde mir sogleich mehr als zwölf Legionen Engel schicken?“ (Mt 26,53) Hier nimmt Jesus Bezug auf Engel als wehrhafte Krieger Gottes, die ihm auf seine Bitte hin sofort helfen würden, falls er es wollte.

Schließlich spielen Engel auch in den Geschichten von der Auferstehung Jesus eine wichtige Rolle als Zeugen der Auferstehung (daher erscheinen sie in Lk 24,4 und Joh 20,12 vermutlich zu zweit) und in kultischer Funktion (s. o.).

Insgesamt wird deutlich, dass die Engel in den Evangelien fast ausschließlich mit Jesus in Verbindung stehen und ihm allein zu Diensten sind. Dazu passend formuliert der spätere Hebräerbrief, Jesus sei „so viel höher geworden als die Engel, wie der Name, den er ererbt hat, höher ist als ihr Name“ (Hebr 1,4) und entwickelt ausführlich den Gedanken, dass der Sohn Gottes höher sei als die Engel (vgl. Hebr. 1,5ff.).

Gleichzeitig ist ersichtlich, dass Jesus nach den Evangelien ein engelsgleiches Leben führte[25]: Er wählte die Ehelosigkeit (wie sie für die Engel ebenfalls gilt, s. o.), er erreichte die himmlische Herrlichkeit bereits zu seinen Lebzeiten (in der Verklärung, vgl. Mt 17,1–13) und er erlangte durch Auferstehung und Himmelfahrt die Unsterblichkeit (wie sie auch für die Engel gilt, s. o.). Die neutestamentliche Christologie steht demnach auf der Basis der frühjüdischen Angelologie und überbietet sie: Jesus steht über allen Engeln.

Während Engel in den Evangelien ausschließlich mit Jesus in Beziehung stehen, dienen sie in der Apostelgeschichte ausschließlich der Verbreitung seines Evangeliums und erscheinen daher immer wieder an zentralen Wendepunkten der frühen Mission:

In Apg 5,19 befreit ein (nicht näher beschriebener) Engel die Apostel in Jerusalem aus dem Gefängnis und gibt ihnen den Auftrag, im Tempel das Evangelium zu predigen.

In Apg 12,7ff. tritt ein Engel im Gefängnis des Königs Herodes zu Petrus „und Licht leuchtete auf in dem Raum" (Vers 7). Die Ketten, mit denen Petrus gefesselt war, fallen ab, und der Engel fordert ihn auf, sich anzuziehen und ihm zu folgen, so dass Petrus befreit wird. Als der geflohene Petrus wenig später am Portal eines christlichen Hauses anklopft und um Einlass bittet, hält man ihn zunächst für seinen Engel (Vers 15). Dahinter steht die Vorstellung, dass Menschen Engel zugeordnet sind, die als ihr Ebenbild erscheinen können und die sie vor unsichtbaren Dämonen beschützen. Alternativ kann so ein Engel einen Menschen gleichsam ersetzen, während dieser selbst nicht anwesend ist (etwa indem er stellvertretend im Haus eines Menschen lebt, während dieser auf Reisen ist, und somit das Haus beschützt), oder ihn beschützen, indem er stellvertretend für ihn zu Schaden kommt.[26] Allerdings geht aus dieser Bibelstelle keineswegs hervor, dass alle Menschen einen solchen Stellvertreterengel haben.

In Apg 8,26 beauftragt ein wieder nicht näher beschriebener Engel Philippus, auf die Straße von Jerusalem nach Gaza zu gehen. Dort begegnet Philippus dem Kämmerer aus Äthiopien, der sich im Anschluss an ein längeres Gespräch taufen lässt und damit zum Stammvater des nordafrikanischen Christentums wird.

In Apg 10,3 fordert ein ebenfalls nicht näher identifizierter Engel den Hauptmann Kornelius auf, Petrus holen zu lassen. Damit wird eine Handlungskette in Gang gesetzt, an deren Ende erstmals mit Kornelius und seinem Haus Nicht-Juden den Heiligen Geist empfangen und getauft werden, was den Beginn der sogenannten Heidenmission markiert.

Ein letztes Mal erscheint ein Engel in der Apostelgeschichte in 27,23f. dem Paulus in der Nacht in

Seenot und sagt ihm und der Mannschaft Rettung zu. Die Rettung wird damit begründet, dass Paulus noch in Rom vor den Kaiser gestellt werden (und damit für Christus Zeugnis geben) soll.

Nur ein einziges Mal in der Apostelgeschichte greift ein Engel nicht etwa ein, um bei der Verbreitung des Evangeliums von Jesu zu helfen, sondern aus einem anderen Grund: Ein Engel „schlägt" Herodes, „weil er Gott nicht die Ehre gab", und „von Würmern zerfressen, gab er den Geist auf" (Apg 12,23). Der Engel vollzieht also Gottes Strafgericht an Herodes für dessen Blasphemie.

Auch in den neutestamentlichen Briefen werden Engel immer wieder erwähnt. Über Aussehen und Charaktereigenschaften erfahren wir dabei nichts, dafür aber Näheres über ihr Wirken in Vergangenheit, Gegenwart und Zukunft:

In der Vergangenheit haben Engel das Gesetz Moses übermittelt (Gal 3,19), was – je nach Interpretation dieser komplexen Textstelle – entweder auf die minderwertige oder im Gegenteil auf die besonders hohe Qualität des Gesetzes hinweist.

In der Gegenwart (der Verfasser der neutestamentlichen Briefe) seien die Engel im Gottesdienst anwesend (1. Kor 11,10). Wenn in 1. Kor 11,10 die

Mahnung ergeht, dass die Frau im Gottesdienst unter einer „Macht" stehen, und d. h. wohl eine Kopfbedeckung tragen soll, so bezieht sich diese Stelle vermutlich darauf, dass unverheiratete Frauen damals „mit entblößtem Kopf", verheiratete Frauen hingegen „nur mit bedecktem Kopf" als „äußeres Zeichen" ihrer Stellung unter „der Macht eines Mannes" ausgingen[27]. Zugleich steht hinter der dort angeführten Begründung („wegen der Engel") die Vorstellung, dass die Engel über das Verhalten der Gerechten im Himmel Zeugnis ablegen (vgl. Mt 18,10f.):

> „Darum soll die Frau die Engel nicht betrüben, indem sie durch Beseitigung ihrer Kopfbedeckung, die ja das Zeichen ihrer Unterordnung unter den Mann ist, zu erkennen gibt, daß sie jene alte Schöpfungsordnung mißachte. Sie würde die Engel, gewiß zu deren Schmerz, nötigen, wider sie vor Gott Anklage zu erheben u. gegen sie als Zeugen aufzutreten. Darum soll die Frau ihren Kopf bedeckt halten, nicht zuletzt ‚der Engel wegen', damit diese ihres Amtes mit Freuden walten können u. nicht etwa aus Schutzengeln zu Anklageengeln werden müssen."[28]

Ein Spezialfall liegt bei Paulus vor: Damit er sich nicht überhebe „wegen der hohen Offenbarungen", die er – wohl in Form von Himmelsvisionen – empfangen hat (2. Kor 12,7), wird er nach eigenem Verständnis in Gottes Auftrag von einem Engel Satans „mit Fäusten" geschlagen. Selbst die dunklen Engel stehen also für Paulus letztlich im Dienste Gottes.

Bei der in Zukunft eintretenden Apokalypse, so schreibt es der Seher Johannes in der Offenbarung, spielen Engel nochmals eine zentrale Rolle. Dabei ist alles, was Johannes sieht und aufschreibt, eine durch einen Engel vermittelte Offenbarung Jesu Christi, „seinen Knechten zu zeigen, was in Kürze geschehen soll" (Offb 1,1).

Neben der Frage, wie Engel in der Geschichte wirken, gehen die neutestamentlichen Briefe an verschiedenen Stellen auf die Frage ein, wie das Wirken der Engel selbst beurteilt werden wird, welchem Gericht sie also ihrerseits unterstehen werden.

Paulus erklärt in 1. Kor 6,3, dass es dereinst die Christen sein würden, die über die Engel richten. Gäbe es eine Hierarchie der Geschöpfe Gottes, stünden Christen demnach über den Engeln, wie auch Christus über den Engeln steht. Zudem lässt sich aus dieser Stelle schlussfolgern, dass Engel nach paulinischem Verständnis offenbar das Falsche und Böse zu tun im Stande sind – sonst gäbe es keine Notwendigkeit, sie zu richten. Würde also ein „Engel vom Himmel" ein anderes Evangelium predigen als Paulus (Gal 1,8), würde er also die christliche Botschaft verfälschen, so „sei [er, Einf. d. Verf.] verflucht."

In Kol 2,18 wird daher ausdrücklich vor neuen Lehren gewarnt, die aus einer „Verehrung der Engel" und daraus entstehen, dass einer „sich dessen rühmt, was er [vermutlich in Visionen, Einf. d. Verf.] geschaut hat". In Apk 19,10 und 22,8–9 macht ein Engel selbst deutlich, dass er nicht angebetet werden will.

Im zukünftigen Gericht werden die Engel, „die gesündigt haben, nicht verschont" (2. Petr 2,4). Vielmehr hat Gott sie „mit Ketten der Finsternis in die Hölle gestoßen und übergeben, damit sie zum Gericht aufbewahrt werden" (ebd.). Bis zum Gericht befinden sich die sündigen Engel also in einer Art „Sicherheitsverwahrung". Ganz ähnlich heißt es in Judas 6: „Auch die Engel, die ihren hohen Rang nicht bewahrten, sondern ihre Wohnstatt verließen, hat er für das Gericht des großen Tages aufbewahrt mit ewigen Banden in der Finsternis."

Nach christlichem Verständnis soll also niemand aufgrund von Offenbarungen, Visionen oder Erscheinungen von Engeln ein neues oder anderes Evangelium als das verkündigen, das in den biblischen Quellen bezeugt wird. Auch eine Verehrung oder gar Anbetung von Engeln wird in der Bibel abgelehnt, vielmehr unterstehen auch die Engel einem letzten Gericht, das wiederum Christen über sie halten werden.

6. Was sagt die theologische Tradition über Engel?

In der sogenannten Dogmatik wurden die Engel in unzähligen Engelslehren v. a. aus drei Perspektiven in den Blick genommen:[29]

1. Es wurde nach der „Beschaffenheit“ der Engel gefragt, nach ihrer *„Natur“*, also nach ihrer Ontologie (11). Heute würde man vielleicht fragen: „Gibt es Engel?“ und „Was sind Engel?“
2. Es wurde nach ihrer „Einordnung in den Zusammenhang von Gut und Böse“ gefragt, also nach ihrem *„Status“*, d. h. ob es sich um gute oder böse Engel handelt (11). Im Zusammenhang damit wurde auch überlegt, ob Engel bzw. gefallene Engel die Menschen zu guten bzw. zu bösen Taten bewegen würden.
3. Und es wurde nach der „Funktion“ der Engel „im Heilsplan Gottes“ gefragt, also nach ihren *„Geschäften“* (11). Wir würden heute vielleicht fragen, was Engel eigentlich tun.

Jede Generation hat verständlicherweise selbst über Engel nachgedacht, hat versucht, diese drei Fragekreise neu und überzeugend für sich zu beantworten, sodass wir es im Christentum mit einer schier endlosen Vielzahl von Variationen von Engelslehren zu tun haben (vgl. 54).

Dennoch darf man wohl sagen, dass sich bis zum Mittelalter vier Engelslehren als besonders prägend erwiesen hatten: Die Engelslehre des Origenes (2./3. Jahrhundert nach Christus), die im 6. Jahrhundert verworfen wurde, die des Augustin (4./5. Jahrhundert), die des Dionysios Areopagita (6. Jahrhundert) und die des Thomas von Aquin (13. Jahrhundert) (vgl. 54ff). Wir können hier nicht im Detail auf diese jeweils sehr unterschiedlichen Engelslehren eingehen, aber es zeigt sich, dass die Frage nach der Natur der Engel, also nach ihrer Ontologie, im Laufe der Zeit zunehmend in den Mittelpunkt trat und bei Thomas von Aquin ihren Höhepunkt erreichte (vgl. 71).

Die Reformatoren des 15. Jahrhundert haben diese Frage nach dem Wesen der Engeln zwar grundsätzlich bejaht[30], interessierten sich aber weitaus stärker für die Funktion der Engel (vgl. 73f.). Martin Luther[31] glaubte an persönliche Schutzengel gegen Teufel und Dämonen, wie er in seiner Koburger Michaelispredigt von 1530 deutlich gemacht hat (WA 32, 111ff.), wobei das Amt des Schutzengels v. a. darin bestehe, uns vor den geistlichen Anfechtungen des Teufels zu beschützen (vgl. 51ff.). Calvin (vgl. Inst. I, 14, 3–12) verstand die Engel als „kollektive Heilsmacht", „weshalb die Vorstellung eines Schutzengels als einer Art Einzelpersönlichkeit abzulehnen" sei. Engel hätten v. a. die Aufgabe, Gottes Aufträge auszuführen (vgl. 56).

Aus reformatorischer Perspektive[32] ergibt sich im Widerspruch zu den älteren Engelslehren das theologische Problem, dass den Engeln aus ihrer Sicht keine für das ewige Heil relevante Bedeutung zukommen kann: Sie dürfen sich aus reformatorischer Sicht sozusagen nicht in die Rechtfertigung des Christen einmischen, dürfen also justifikatorisch nicht relevant sein, dürfen den Menschen also nicht dabei helfen, sich durch gute Werke selbst vor Gott gerecht zu machen. Daher sind ihre Funktionen im Grunde auf das Lob Gottes und die Erhaltung der Schöpfung begrenzt. Dies führte dazu, dass die Engelslehren in der protestantischen Theologie lange Zeit im Grunde nur „eine dogmatische Randexistenz" führten, falls man nicht sowieso ganz auf sie verzichtete (vgl. 79

und 82f.). Werner Elert hat diese Position folgendermaßen zusammengefasst:

> „Um uns zu erschaffen hat er [Gott, Einf. d. Verf.] sich keiner Engel bedient, sondern der leiblichen Eltern. Um uns zu erlösen und mit sich zu versöhnen, sandte er seinen Sohn. Um uns durch sein Wort ins Herz zu treffen, sendet er seinen Geist. Wie wir also zwischen Gott und uns zur Vermittlung keines Priesters und keiner Heiligen bedürfen, so auch keiner Engel."[33]

In der Zeit der Aufklärung veränderte sich die Einschätzung der Engel noch einmal grundlegend. Kants[34] „Kritik der reinen Vernunft" verschärfte das theologische Problem der Engelslehre: Wie sollte man nun noch schöpfungstheologisch relevante Aussagen machen über Wesen, die „unsichtbar und unsinnlich" (87) sind? Das Problem der Ontologie der Engel („Gibt es Engel überhaupt?") war somit ins Zentrum gerückt und blieb erst einmal ungelöst. Kant selbst verstand die Engel lediglich als „Produkte der Furcht" des Menschen, degradierte sie also zu menschlichen Vorstellungen (ebd. 88).

Somit hatten die Engel spätestens in der protestantischen Theologie des 19. Jahrhunderts ihre ontologische „Dignität" völlig verloren (es war einfach egal, ob es sie gab oder nicht), sie galten außerdem für das ethische Verhalten des Menschen als irrelevant und hatten letztlich auch keine für die Schöpfung wichtigen Aufgaben mehr (89). Bei Friedrich Daniel Ernst Schleiermacher, der sich hinsichtlich der Engel an Kant orientierte, fristen die Engel daher nur noch eine Randexistenz, insofern er ihre Anschauung nur noch „als urzeitliche und primitive Stufe des menschlichen Gemüts" (90) gelten lässt und ihr Dasein auf den „privaten erbaulichen und liturgischen Gebrauch" (90) beschränkt. David Friedrich Strauß ging noch einen Schritt weiter und gab die theologische Rede von den Engeln ganz auf (vgl. 91).

Die Theologie des 20. Jahrhunderts reagierte auf diese Entwicklung mit zwei grundsätzlichen Denkmodellen, um die Rede von Engeln theologisch wieder einzuholen: Mit dem Modell der „symbolischen Relevanz" und dem Modell der „Wirkungsrelevanz". Für beide Modelle lassen sich prominente Vertreter benennen und plausible Argumente anführen.

Schon zu Beginn des 20. Jahrhunderts vertrat etwa Heinz Heinrich Wendt die Position der symbolischen Relevanz, wobei es ihm zunächst um die Relevanz der Dämonologie ging. Diese solle symbolisch verstanden werden, um einen Dualismus von Gott vs. Satan zu verhindern (vgl. 115f.). Das bedeutet: Nur wenn man den Teufel (und die Dämonen) als *Symbol* des Bösen versteht, vermeidet man, ihn zu einer Art Widergott zu machen. Außerdem lasse sich das Wesen der Sünde sowieso nicht mit „Einwirkungen dämonischer Wesen“ (116) erklären, vielmehr mindere diese Vorstellung nur „die Verantwortung des Menschen für seine Sünde“ (117) und sei daher abzulehnen.

Ein weiterer Theologe, Emil Brunner, verstand die Wirklichkeit des Teufels als „psychologische“ und „soziologische“ Wirklichkeit (140), und viele sind ihm im Blick auf diese beiden grundsätzlichen Interpretationsmöglichkeiten gefolgt. „Prozesse des Kollektivunbewussten oder Sozialität bedürfen“, so schreibt es Oliver Dürr, eben „für ihre systematische Erklärung generell keiner Wirkungsrelevanz, in der reelle übermenschliche Wesen existent agieren.“ (140) Mit anderen Worten: Man braucht heute keine Engel oder Dämonen mehr, um schlüssig zu erklären, wie unbewusste Prozesse oder Gruppen funktionieren.

Eine symbolische Relevanz vertreten weiter – wenn auch in je ganz eigener Ausformung – die Theologen Paul Tillich (vgl. 142ff.), Malcom Godwin (vgl. 146f.) oder Eugen Drewermann (vgl. 147f.). Tillich etwa – um nur einen davon herauszugreifen – versteht Engel zwar als Seiende, aber weder „als Individuum noch als Species […] sondern als Symbole“ (143). Engel und Dämonen sind für ihn „mythologische Namen“ für „überindividuelle Strukturen von Gut und Böse“ (143), aber nicht „Wesen, die gut oder böse als Wesen sind“ (145). Die Dämonologie habe ihr Recht darin, „dass sie das Leben in seinen Zweideutigkeiten aussagbar werden lässt“ (143), wobei das Dämonische dort zu finden ist, wo sich der „Anspruch des Endlichen“ zeigt, „unendlich und von göttlicher Größe zu sein“[35].

Als Vertreter des anderen Modells, i. e. der Wirkungsrelevanz von Engeln und Dämonen, lässt sich etwa Paul Althaus anführen.[36] Er rechnet grundsätzlich – auch vor dem Hintergrund zweier Weltkriege und der Erfahrungen mit einem totalitären Staat in Deutschland – mit der „Wirklichkeit des Satans und von Dämonen“ (119) und erkennt darin einen uns Menschen in Anspruch nehmenden Willen:

„Unser Handeln hat im Guten wie im Bösen den Charakter des Gehorsams gegen eine den Willen in Anspruch nehmende Macht. Sie kann uns begegnen in einem menschlichen Willen, der uns zum Guten vollmächtig aufruft oder zum Bösen verführen will. Aber wie der menschliche Wille, der uns zum Guten fordert, sich als Träger eines übermenschlichen, ihn selbst bindenden Willens erweist, so auch der verführende Menschenwille. Der übermenschliche Wille tritt an uns auch ohne menschliche Vermittlung heran und nimmt unseren Willen in Anspruch. Daher ist es nicht zeitbedingte, für uns vergangene Mythologie, sondern einfach Ausdruck erfahrener Wirklichkeit der Sünde, wenn Paulus, wie schon die jüdische Tradition vor ihm, von der Sünde als einer persönlichen Macht redet."[37]

Der Böse[38] hat nach Althaus einen Willen, er geht planmäßig und zielstrebig vor (vgl. 120). Das Wirken des Dämonischen zielt ab auf „Zerstörung und Vernichtung des Lebens des Menschen schlechthin" (120). Dabei verläuft der dämonische Einfluss auf den Menschen „über die Geschichte, nicht über die Natur der Welt. Deshalb ist es auch möglich, mithilfe naturwissenschaftlicher Erkenntnisse Krankheiten aus dem Bereich des

Satanischen herauszunehmen“ (216). Krankheiten werden also nicht von Satan verursacht, während er unser Handeln und damit die Geschichte durchaus beeinflusst (vgl. 126). Während Althaus die Dämonologie also mit der Sündhaftigkeit des Menschen verbindet, nähert er sich der Engelslehre über die Schöpfung: Die Engel haben die Aufgabe, Gott zu loben und sind „Werkzeuge der göttlichen Offenbarung und des Weltregiments“ (126). Auch die Engel wirken auf die Geschichte der Menschen ein, aber nicht direkt auf das „Innerste des Menschen“ (126), so wie die Dämonen, sondern indem sie „den Heilswillen Gottes selbst kundtun […] Wie diese Geschichtseinwirkung genau gedacht werden soll, wird nicht entfaltet.“ (126)

Einen eigenen, die Engel streng und allein auf Gott beziehenden Weg beschritt im 20. Jahrhundert Karl Barth, der eine der ausführlichsten Angelologien der Neuzeit vorlegte – auch wenn diese hier nur ganz kurz skizziert werden kann. Barth verweigert sich zunächst allen philosophischen und ontologischen Spekulationen über Engel als „selbständige Objekte“, insofern es einzig und allein „Glaubensgestalten sind, die an das Zeugnis der Bibel gebunden sind“ (213). Im Kosmos fällt den Engeln nach Barth die „Macht der Doxologie“ (213) zu, sie haben also die Funktion des Lobpreises und des Gottesdienstes (vgl. 213 und 217). Engel sind allein von Gott her zu verstehen und sie werden

> „dadurch erst als Engel erkannt [...], dass sie aufgrund des biblischen Offenbarungswissens von Gottes Handeln aus Funktionen zugeschrieben bekommen. Als aus der Offenbarung gewusste Mächte sind sie geglaubte Mächte des Himmels, durch die der biblisch offenbarte Gott sich wie auch immer geartet kundtun kann.“ (216)

In der Gegenwart lassen sich nun verschiedene neue theologische Ansätze ausmachen, um sinnvoll über Engel zu sprechen. Aber auch die althergebrachten theologischen Vorstellungen sind weiter populär.

So scheinen manche Teile der zeitgenössischen römisch-katholischen Theologie von den angelologischen Bedenken des Protestantismus und von den Anfragen an die Metaphysik seit der Zeit der Aufklärung kaum etwas mitbekommen zu haben. Der katholische Theologe Anthony Destefano etwa, der für den US-amerikanischen katholischen TV-Sender „Eternal Word Television Network“

(EWTN) arbeitet und sich in verschiedenen Monographien (etwa in „A Travel Guide to Heaven“ von 2005) zu metaphysischen Themen geäußert hat, weiß in seinem Buch „Die unsichtbare Welt. Von Engeln, Dämonen und anderen spirituellen Kräften“ (2011) erstaunlich viel Verlässliches über Engel zu sagen, wobei er unverkennbar auf die entsprechenden römisch-katholischen Traditionen zurückgreift.[39] Zunächst stellt Destefano klar: Engel

> „existieren. Sie sind real. Sie sind keine Wesen aus Mythologie oder Märchen. Sie sind so real wie du und ich. […] Genau jetzt, in diesem Augenblick, da Sie diese Worte lesen, befindet sich ein Engel neben ihnen.“ (40)

Destefano kann auch klare Auskunft geben über die Natur der Engel: Sie sind *„reiner Geist“* (41).

> „Reiner Geist zu sein bedeutet, ohne Körper zu sein, d. h., auch unsichtbar zu sein. Man ist nicht an die Begrenzungen des Raumes gebunden, oder überhaupt an irgendwelche Begrenzungen“ (41).
>
> „Außerdem sterben Lebewesen mit der Zeit. Sie altern, verschleißen und verlieren ihre Funktionsfähigkeit. Als reiner Geist unterliegt man diesen Beschränkungen natürlich nicht. […] Reiner Geist zu sein heißt […] dass man unsterblich ist.“ (42)

Dann äußert sich Destefano begeistert über den

überragenden Intellekt der Engel (vgl. 42f.), über die „Glücksgefühle“ (52) der Engel, über „neun verschiedene Engelhierarchien: Seraphim, Cherubim, Throne, Herrschaften, Tugenden, Mächte, Fürstentümer, Erzengel, Engel“ (52) und über den „Willen“ (52) der Engel.

Schließlich beschreibt Destefano die Aufgaben der Engel: Sie seien „Boten“ (44), kümmerten sich „um krisenbehaftete Königreiche und Gemeinschaften“ (44), würden „als Trost […] in Zeiten großer Krisen“ (44) zu den Menschen geschickt und sollen „am Ende aller Zeiten Christus bei seiner Wiederkunft begleiten“ (45).

Aber die „wichtigste Aufgabe von Engeln ist es“, so Destefano,

> „als unsere persönlichen Schutzengel zu fungieren. In der Bibel wird immer wieder betont, dass jeder von uns einen eigenen Engel hat, der uns auf einzigartige Weise behütet.“ (45)

Dabei teilt Destefano nicht mit, auf welche biblischen Textstellen er sich hierbei bezieht.

Die Aufgabe der Schutzengel sieht er darin, dass „wir in den Himmel kommen“ (45), und dieser Aufgabe kommen die Engel nach, indem sie „unser Verhalten positiv […] beeinflussen“ (46) durch „die Kommunikation mit unserer Seele.“

(46) So könnte ein Schutzengel etwa beim Anblick eines Bettlers „die Idee in Ihr Gehirn" schmuggeln, „dass Sie dem Bettler doch ein paar Münzen oder sogar Scheine geben sollten." (47) Zusammenfassend schreibt Destefano über die Einflussnahme der Engel auf uns Menschen:

> „Manchmal erteilen sie einfach Befehle wie ‚schau hierhin' oder ‚schau dorthin'. Manchmal injizieren sie uns Gedanken, die uns dazu inspirieren, bessere Menschen zu werden. Manchmal verhindern sie, dass wir sündigen, indem sie unser schlechtes Gewissen anregen." (49)

Andererseits aber hätten Engel auch Begrenzungen. Sie „können [...] unsere Gedanken nicht lesen, diese Macht haben sie nicht" (50).

Destefano, der in weiten Teilen den römisch-katholischen Traditionen verpflichtet bleibt, ist nicht die einzige römisch-katholische Stimme, die sich im 21. Jahrhundert zu Engeln geäußert hat. So hat der Theologe Thomas Ruster im Anschluss an Niklas Luhmanns Systemtheorie eine spannende und innovative systemtheoretische Interpretation der Angelologie vorgestellt.[40]

Zunächst erläutert Ruster, dass es sich bei Systemen um „überpersonale Wirklichkeiten" handele, die

> „eine eigene Art von Rationalität und auch einen eigenen Willen haben, nämlich den Willen zur Selbsterhaltung [...] Dies entspricht ganz genau der klassischen Aussage, dass Engel über dem Menschen stehende machtvolle Wesen eigener Art von großer Kraft des Verstandes und des Willens sind." (159)

So wie alle Systeme „unterschiedlich ‚codiert' sind", wie also etwa das „Rechtssystem nach der Unterscheidung Recht/Unrecht" handelt oder das „politische System" nach der „Unterscheidung Macht/Ohnmacht", so ließen sich nach Ruster auch „Codes" für die „Engelwelten" benennen (160). Damit lasse sich „auch die theologisch so wichtige Unterscheidung zwischen den seligen, guten Engeln und den gefallenen Engeln [...] systemtheoretisch einsichtig" (161) machen:

> „Es ist klar, dass alle (sozialen) Systeme den Menschen zu dienen haben. Theologisch gesagt: Dazu hat sie Gott erschaffen. Es kann aber geschehen, dass (soziale) Systeme den Menschen nicht mehr dienlich sind, sondern nur noch ihre eigene Erhaltung betreiben. Theologisch gesprochen: dass sie sich in Hochmut und Stolz dem Dienst an Gott und den Menschen verweigern. Das wären dann die gefallenen Engel." (161)

Weiter macht Ruster darauf aufmerksam, dass auch Systeme – ebenso wie Engel – Geschöpfe Gottes seien (vgl. 161):

> „Als Gott Pflanzen, Tiere und Menschen erschuf, da schuf er auch die Systeme, in denen sie leben. Als er Mann und Frau erschuf und ihnen auftrug, fruchtbar zu sein und sich zu mehren, da schuf er auch das System Familie. Als er ihnen Kräuter und Bäume zur Nahrung überließ, da schuf er auch das Wirtschaftssystem." (162)

Selbst die in der theologischen Tradition so wichtige Frage nach der Wirklichkeit der Engel will Ruster auf diese Weise beantwortet wissen, denn Systeme „gibt" es durchaus als „etwas Reales, in der Welt vorkommendes" (162).

> „Es gibt sie nicht als raumzeitliche, empirisch zu messende Größen. Sie gehören einer anderen Art von Wirklichkeit an. Die Rede der Alten davon, dass die Engel rein geistige Substanzen sind, kann weitergeführt werden zur Erkenntnis der Seinsart von Systemen. Sie sind ‚geistig', das heißt nicht körperlich, aber sie sind ‚Substanzen', also Wesen eigener Art." (162f.)

Dabei betont Ruster jedoch, dass er Systeme nicht einfach mit Engeln gleichsetzen möchte. Er veranschaulicht dies am Beispiel eines Familiensystems:

Dieses

> „besteht beispielsweise aus Mutter, Vater, Kindern, Tanten, Onkeln usw. als seinen Elementen, aber alle diese sind nicht der Engel. Ein System ist jedoch *mehr als* [Hervorhebung im Original] die Summe seiner Teile. Das ist die einfachste Definition eines Systems. Und dieses ‚mehr als', das ist das Engelische am System." (163)

Als erstes zentrales Charakteristikum aller Systeme identifiziert Ruster die Selbsterhaltung: „Alle Systeme wollen ihre typischen Operationen fortsetzen" (164), stehen aber permament in der Gefahr, „ihre eigene Selbsterhaltung über ihren Dienst zu stellen" (166). Ein zweites Charakteristikum aller Systeme besteht darin, sich von ihrer Umwelt zu unterscheiden, denn nur dadurch können sie als System bestehen (vgl. 167f.). Als drittes Charakteristikum lässt sich identifizieren, dass die „Komplexität in einem System […] immer geringer als in der ‚Welt' insgesamt" ist, dass also die Wirklichkeit innerhalb eines Systems immer unterkomplex repräsentiert wird (170). Mit anderen Worten: Systeme haben immer nur ein vereinfachtes Bild von dem, was sich außerhalb des Systems befindet.

Ruster veranschaulicht diese Charakteristika

wiederum am System Familie: „Eine Hauptaufgabe der Familie ist die Reproduktion" (171). Aber das „System Familie betreibt seine Selbsterhaltung" zuweilen selbst dann „rigoros weiter", wenn dies „gegen die Interessen einzelner Elemente" der Familie verstößt (172). Dann kann beispielsweise das „Kind [...] zum ‚Symptomträger' eines in seiner Existenz bedrohten Systems" werden, „das dennoch weiter existieren möchte" (172).

Andere gefallene Systeme sieht Ruster dort am Werke, wo „Firmen von ihren Mitarbeitern einen Einsatz" fordern, „der Familie und Privatleben zerstört", wo das „Krankenbehandlungssystem wächst und wächst" und „immer neue Krankheiten" selbst erschafft, also „selbst krank" ist, oder wo das „Wirtschaftssystem [...] immerfort" wächst und „dabei Armut und Zerstörung" bewirkt (173).

Da wir in einer Zeit leben, in der sich die gesellschaftlichen Systeme immer weiter ausdifferenzieren, weil immer mehr spezialisiertes Expertenwissen nötig ist, um die Gesellschaft am Laufen zu halten, müssen wir aus theologischer Sicht damit rechnen, es auch mit immer mehr gefallenen Systemen/Engeln zu tun zu haben (vgl. 173f.).

Deutlich erkennbar hat Ruster den Ansatz der symbolischen Relevanz der Angelologie des

20. Jahrhunderts aufgenommen, wenn er Engel als das „Mehr“ sozialer Systeme versteht. Seine systemtheoretische Angelologie hat dabei unbestrittenermaßen den Vorteil, die theologische Rede von den Engeln für den heutigen Wissenschaftsdiskurs wieder anschlussfähig zu machen.

Ein Problem, das mir jedoch auffällt, ist die theologische Unterkomplexität dieses Modells gerade im weltanschaulichen Kontext, und das, obwohl Ruster selbst großen Wert auf diese Dimension legt. So lässt er in seiner Monographie „Die neue Engelreligion“ (2010) etwa die in Russland geborene Hellseherin Jana Haas[41] zu Worte kommen[42] (vgl. 16ff.), die „von Naturwesen, Weltwächtern, Wurzelwesen, Baumgeistern gesprochen“ habe und „einigen von ihnen sogar begegnet“ sei (168). Dann schreibt Ruster: „Sollte sie mit den Systemen, den Systemgeistern Kontakt bekommen haben? Sollte es nicht möglich sein, auf diese engelhaften Wesen einzuwirken bzw. sich von ihnen informieren zu lassen?“ (168)

Hier wäre m. E. kritisch zu fragen, wie Ruster sich diese Kontaktaufnahme vorstellt und wieso er die an anderer Stelle selbst eingeforderte „Unterscheidung zwischen den Engeln der biblischen Welt und den Engeln überhaupt“ (161) an dieser

Stelle nicht durchhält. Ist er auch der Ansicht, dass sich der Kontakt zu solchen „Systemgeistern“ methodisch lehren und lernen lässt, wie wenn Jana Haas in ihrem Buch „Heilen mit der göttlichen Kraft. Aktiviere deine inneren Heilkräfte mit Cosmogetic® Healing“ (München, 2017) vermitteln will, „wie wir uns bewusst mit Gott verbinden und aus seiner Heilkraft schöpfen können“[43]?

Anscheinend ist die Frage, ob Engel bzw. Systeme primär der Selbsterhaltung oder Gott und Mensch dienen, zwar notwendig, aber nicht hinreichend, um die klassische Frage nach dem Verhältnis der Engel zu Gut und Böse zu beantworten und zwischen den „Engeln der biblischen Welt und den Engeln überhaupt“ (s. o.) zu unterscheiden. Wir tun daher gut daran, die Suche nach einer zeitgemäßen theologischen Sprachkompetenz für die alte Rede von den Engeln noch nicht an dieser Stelle enden zu lassen, sondern weiter zu suchen.

Eine weitere Möglichkeit, heute sinnvoll über Engel zu sprechen, könnte darin bestehen, einen Gedanken Karl Barths noch einmal aufzugreifen, der ja darauf bestanden hat, dass die Frage nach der Wirklichkeit der Engel gegenüber der Frage nach ihrer Funktion irrelevant ist. Mit anderen Worten:

Können wir die Frage, was Engel sind und inwiefern es sie gibt, zurückstellen zugunsten der Frage, was sie tun? Ein Theorieansatz, der sich diesbezüglich als äußerst nützlich erweisen könnte, ist die sogenannte Akteur-Netzwerk-Theorie des Soziologen Bruno Latour[44].

Üblicherweise geht man in unserer durch die Aufklärung geprägten Gesellschaft davon aus, dass nur Menschen im umfassenden Sinne handeln und etwas bewirken können. Leblosen Gegenständen und unsichtbaren Wesenheiten sprechen wir diese Eigenschaft in der Regel ab. Dementsprechend ist es schwierig, etwas dazu zu sagen, wenn jemand z. B. erzählt, dass ein Engel in sein Leben eingegriffen habe.

Latour schlägt nun vor, eine Sichtweise aus der Ethnologie (Völkerkunde) zu übernehmen: Wenn man dort eine Ethnie beschreiben will, kann man oft nicht zwischen „politischen, technologischen, künstlerischen und religiösen“ (18) Akteuren unterscheiden. In manchen Ethnien gibt es eben neben menschlichen Akteuren auch göttliche, symbolische oder technische Akteure, manchmal sogar „Mischwesen, Hibride, oder ‚Monster‘“[45] (18), ohne dass man über deren Wirklichkeitsgehalt urteilen will. Um die Kulturen solcher Ethnien dennoch angemessen zu beschreiben, gehen die Forscher dann oft so vor, dass sie die Beziehungen zwischen diesen unterschiedlichen Akteuren darstellen, d. h. ihre Netzwerke beschreiben: Welcher Akteur ist mit welchen anderen Akteuren vernetzt? Daher rührt der Name „Akteur-Netzwerk-Theorie bzw. ANT“[46] (18). Dabei geht man außerdem davon aus, dass die Vernetzung der Akteure über die Kommunikation geschieht: Auch „nicht-menschliche Wesen, inklusive Götter und Dämonen“ (23) können so gesehen kommunizieren und damit Netzwerke bilden.

Diese Theorie macht es nun möglich, auch die Frage nach den Engeln anders als bisher anzugehen. Statt darüber zu streiten, ob es Engel gibt bzw. was sie sind (ontologische Frage), geht es im Seelsorgegespräch erst einmal darum, darüber zu reden, was Akteure wie „Engel“, die ganz offensichtlich zu Netzwerken von Menschen gehören können, zu kommunizieren haben, welche Gefühle durch ihr Erscheinen ausgelöst werden oder welche Wirkungen ihre Besuche haben. Dieser Ansatz stellt die Frage nach der Wirklichkeit der Engel sozusagen zurück – eben wie Karl Barth es vorgeschlagen hat – und konzentriert sich demgegenüber auf die Frage nach der Wirkung der Engel.

7. Was lässt sich heute aus evangelischer Sicht über Engel sagen?

Was lässt sich nun, nachdem alltags- und populärkulturelle Beobachtungen, zeitgenössische Fragen zu Engeln, biblische und systematisch-theologische Bezüge in aller Kürze skizziert wurden, aus evangelischer Sicht über Engel sagen?

„Engel" und „engelsähnliche Geister"

Die oben dargestellten Fragen unserer Zeitgenossen zu Engeln machen deutlich, dass es sinnvoll ist, zwischen Engeln auf der einen Seite und engelsähnlichen Geistern auf der anderen Seite zu unterscheiden: Als „Engel" bezeichne ich im Folgenden jene Geschöpfe, von denen die Bibel erzählt und deren primäre Aufgabe nach dem Zeugnis der biblischen Schriften darin besteht, Gott zu loben, Jesus Christus zu dienen und bei der Verbreitung seines Evangeliums zu helfen. Der primäre praktisch-theologische Ort der Rede von den Engeln ist damit im Grunde nicht die Seelsorge, sondern es sind Liturgik (Gottesdienst) und Mission.

Von diesen Engeln zu unterscheiden wären m. E. „engelsähnliche Geister", denen Menschen in der Gegenwart zu begegnen glauben, die sie umgangssprachlich als „Engel" bezeichnen und die sie mit Vorstellungen des persönlichen Schutzes, des Erfolgs oder der Gesundheit in Verbindung bringen.

Dabei wähle ich den Begriff „Geist" mit Bedacht, insofern das Wort von seiner Herkunft her auf „mittelhochdeutsch, althochdeutsch *geist*, eigentlich = Erregung, Ergriffenheit"[47] zurückgeht. Ein Geist ist also etwas, das mich ergreift und mich in Erregung versetzt, das heftige Gefühle in mir verursacht. Diese Beschreibung ist erstaunlich präzise, denn die Begegnung mit einem Geist ist für viele Menschen zunächst einmal von herausragender emotionaler Wirkung: Wo Menschen in der Beratungstätigkeit davon erzählen, dass sie einem Geist begegnet sind, fällt eben durchweg auf, dass sie von dieser Begegnung stets in erregter und ergriffener Weise erzählen.

Insofern ist es präzise, etwa von einem „nationalsozialistischen Geist" zu sprechen, der die Menschen für diese menschenverachtende Weltanschauung begeistert, oder – im Kontrast dazu – vom pazifistischen Geist eines Mahatma Gandhi.

Diese Annäherung an den Begriff „Geist" verträgt sich gut mit dem umgangssprachlichen Sinn von Geist als „denkendes Bewusstsein des Menschen, Verstandeskraft, Verstand"[48]: Ein „Geist" ist demnach das, was den Geist eines Menschen begeistert – zum Guten wie zum Bösen.

Die Fragen, die sich daraus für eine zeitgemäße Engelslehre ergeben, lauten: Was können wir über die Wirklichkeit von Engeln bzw. engelsähnlichen Geistern, über ihr Verhältnis zu Gut und Böse und über ihre Funktionen jeweils sagen? Kann man mit Engeln Kontakt aufnehmen und wie können wir zwischen Engeln und engelsähnlichen Geistern unterscheiden? Wie lässt sich das Thema in der Seelsorge angemessen zur Sprache bringen?

Wirklichkeit und Erscheinungsweise von Engeln und engelsähnlichen Geistern

Aus theologischer Sicht sind Engel und engelsähnliche Geister beide Geschöpfe Gottes. Im Anschluss an Karl Barth möchte ich davon absehen, über ihren Wirklichkeitsgehalt zu spekulieren. Allerhöchstens wäre zu sagen, dass sich ihre

Wirklichkeit über ihre Wirkung bestimmen lässt. Diese ziemliche abstrakte Aussage würde ich umgangssprachlich folgendermaßen formulieren: Auf die Frage, ob es Engel „gibt“, wäre meine Antwort ein Nein. Das hängt damit zusammen, dass das Wort „geben“ von seiner Herkunft her auf die indogermanische Wurzel „*ghabh-“ im Sinne von „fassen, ergreifen“[49] zurückgeht. Das, was es gibt, lässt sich also fassen und ergreifen, wie etwa ein Stift oder ein Stück Papier. Die biblischen Schriften geben jedoch zu verstehen, dass Engel nicht in dieser Weise erfasst und ergriffen werden können. Wo Menschen demnach der Ansicht sind, dass sie Engel in irgendeiner Weise dingfest machen oder den Kontakt zu ihnen dank einer raffinierten spirituellen Methode von sich aus und zuverlässig herstellen können, haben wir es nicht mit Engeln zu tun.

Auf die Frage, ob Engel real sind, wäre meine Antwort ebenfalls ein Nein: Das Adjektiv „real“ stammt ab von „spätlateinisch *realis* = sachlich, wesentlich, zu lateinisch *res* = Sache, Ding“.[50] Wenn etwas also real ist, dann handelt es sich um etwas, das man wie eine Sache oder ein Ding sehen und anfassen, d. h. mit den Sinnen erfassen kann. Der Stuhl, auf dem ich sitze, ist somit real.

Die Engel Gottes, wie sie in den biblischen Schriften beschrieben werden, sind aber nicht wie ein Stuhl dauerhaft zu sehen und anzufassen, insofern sind sie auch nicht real in diesem Sinne. Die Realität ist sozusagen nur ein kleiner Teil von Gottes umfassender Schöpfung. Insofern widersprechen Engelerscheinungen auch nicht der normalen Alltagswirklichkeit, die sich auf reale Dinge beschränkt.

Die Frage, ob Engel und engelsähnliche Geister wirklich sind, ist schließlich zu bejahen. Das Adjektiv „wirklich" stammt ab von „spätmittelhochdeutsch *wirkelich,* mittelhochdeutsch *würke[n]lich, würklich, eigentlich* = tätig; wirksam; wirkend"[51]. Wirklich ist etwas also dann, wenn es wirkt. Ein Traum, der sich den ganzen Tag über auf meine Stimmung und mein Verhalten ausübt, ist insofern wirklich. Wenn Menschen davon erzählen, einem Engel oder Geist begegnet zu sein und wie sich diese Begegnung auf ihr Leben ausgewirkt hat, dann war dieser Engel oder dieser Geist wirklich. Im seelsorgerischen Kontext ist es von großer Wichtigkeit, dass sich Seelsorgerinnen und Seelsorger bei entsprechenden Berichten mit psychopathologischen Diagnosen zurückhalten, sofern sie dafür nicht ausgebildet sind.

Die sich daraus ergebende weiterführende Frage, *auf welche Weise* ein Engel oder ein Geist wirkt, wäre aus theologischer Sicht in aller Kürze so zu beantworten, dass Engel seit der Menschwerdung von Jesus Christus ausschließlich ihm und der Verkündigung seines Evangeliums dienen, während Geister – um einen Gedanken von Paul Althaus aufzunehmen – zwar eine geschichtliche Wirkung haben, aber keine natürliche. Das heißt: Sie beeinflussen zwar, was Menschen fühlen, denken, sagen und tun, indem sie sie begeistern; sie beeinflussen jedoch nicht die Erdanziehungskraft, das Wachstum von Bakterien oder die Kernspaltung. Um ihre Wirkungen auf Menschen präziser zu erfassen, wäre in dieser Frage m. E. die Anwendung der skizzierten Akteur-Netzwerk-Theorie angezeigt.

Auf die Frage nach der Erscheinungsweise der Engel und Geister wäre mit Blick auf das biblische Zeugnis zu sagen, dass Engelserscheinungen wohl mit Lichterscheinungen einhergehen können, während hingegen jedes weitere Interesse an einer genaueren Beschreibung ihrer Erscheinung bereits darauf hindeutet, es hier schon mit Geistern und nicht mehr mit Engel zu tun zu haben: Engel treten völlig hinter dem zurück, dem sie dienen. Das mit ihnen erscheinende Licht verweist ausschließlich auf den, von dem sie kommen. Geister hingegen wollen als sie selbst und als eigenständig wahrgenommen werden, sie haben ein eigenes Interesse daran, besser wahrnehmbar in Erscheinung zu treten und detailliert im Gedächtnis haften zu bleiben.

Engel und engelsähnliche Geister zwischen Gut und Böse

Paulus warnt die Gemeinde in Korinth vor falschen Propheten, die er als Diener Satans versteht (2. Kor 11,24). Wie Satan sich „verstellt […] als Engel des Lichts", so wollen sich auch die falschen Propheten als „Diener der Gerechtigkeit" präsentieren. Theologisch gesprochen ist den Engeln, die sich als gute Engel darstellen, also nicht bedingungslos zu vertrauen.

So gesehen ist es verständlich, warum Paulus davon ausgeht, dass die Engel einem Gericht unterstehen werden (vgl. auch 2.Petr 2,4), und zwar dem Gericht durch die Christen (vgl. 1.Kor 6,3). Aus den Maßstäben, die zur Beurteilung der Engel angelegt werden, kann geschlossen werden, wie das Verhältnis der Engel zu Gut und Böse geklärt werden kann:

Verflucht werden jene Engel, die ein anderes Evangelium predigen als Paulus (vgl. Gal 1,8), die also das Evangelium von Jesus Christus verfälschen, ihm somit nicht recht dienen und damit ihrer eigentlichen Aufgabe nicht gerecht werden.

Der Verfasser des Kolosserbriefs warnt die Christen weiter vor jeder Verehrung der Engel (vgl. Kol 2,18) und davor, sich dessen zu rühmen, was man in Visionen gesehen haben will. Apk 19,10 und 22,8–9 weisen darauf hin, dass die (guten) Engel nicht angebetet werden wollen. Wo Engel verehrt oder gar angebetet werden, verfehlen sie ihre eigentliche Aufgabe, i. e. den Dienst an Jesus Christus.

Insgesamt zeigt sich, dass jene Engel dem Gericht unterstehen und böse sind, die ihrer zentralen Aufgabe, d. h. dem Dienst an Jesus Christus und der Verkündigung seines Evangeliums, nicht gerecht werden, die also das Evangelium verfälschen oder selbst danach streben, verehrt oder angebetet zu werden. Das Verhältnis der Engel zu Gut und Böse entscheidet sich also danach, ob sie ganz Christus dienen oder ob sie selbst im Mittelpunkt stehen wollen, und d. h. ob es ihnen – in der Sprache Rusters formuliert – um ihre Selbsterhaltung geht.

Bei den engelsähnlichen Geistern verhält sich die Sache anders. Nimmt man sie als Akteure in sozialen Netzwerken ernst, wird unmittelbar deutlich, dass sie stets moralisch ambivalent sind, ebenso wie alle anderen sozialen Akteure: Sie wirken sowohl zum Guten als auch zum Bösen. Damit unterstehen sie vermutlich wie jedes Geschöpf letztlich dem Gericht Gottes. Ob für Geister eine eigene Heilslehre vorstellbar ist, liegt jedoch jenseits dessen, was ich zu sagen weiß.

Schließlich sei noch die Frage aufgegriffen, ob Engel und Geister vielleicht subtil-unbemerkt auf den Menschen bzw. sein Innerstes einwirken, etwa indem sie ihm gute oder böse Gedanken einflüstern.

Wo Engel in der Bibel auftauchen, ist die Wirkung ihres Erscheinens nirgends subtil-unbemerkt, sondern auffällig und auf die Erfüllung des göttlichen Auftrags hin ausgerichtet; selbst dann, wenn sie im Traum erscheinen, wie etwa dem Josef. Engel sind sozusagen personifiziertes Gottes-Lob und Diener des Evangeliums von Jesus Christus (und damit Diener derjenigen Menschen, die das Evangelium verkündigen).

Für das Heil und in moralischer Hinsicht sind Engel hingegen bedeutungslos: Es ist nicht ihre

Aufgabe, Menschen moralisch besser zu machen und ihnen somit zu helfen, sich einen Platz im Himmel zu verdienen. Allenfalls könnte man mit Martin Luther annehmen, dass Engel die Christen vor den Versuchungen und geistlichen Anfeindungen des Bösen bewahren – was wiederum bedeuten würde, dass die dunklen Engel im Gegensatz zu den hellen Engeln sehr wohl versuchen, die Gedanken und Gefühle der Menschen zu beeinflussen.

Engelsähnliche Geister schließlich wirken, um noch einmal an einen Gedanken von Paul Althaus zu erinnern, ebenso wie dunkle Engel auf die Geschichte ein, indem sie die Gefühle, Gedanken und Handlungen von Einzelnen oder Gemeinschaften beeinflussen. Als soziale Akteure verfolgen sie ihre eigenen Ziele.

In der Beratung und in der Seelsorge wäre mein Rat, konkret erfahrene Bewahrung vor Schaden, Krankheit oder Unfall dankbar aus Gottes Hand zu nehmen, statt sie Schutzengeln oder engelsähnlichen Geistern zuzuschreiben – und umgekehrt auch Unglück und Krankheit aus Gottes Hand zu empfangen und sich in Klage und Bitte um Hilfe und Heilung an ihn zu wenden, statt die Misere irgendwelchen dunklen Engeln oder Geistern anzulasten. Meister Eckhart formulierte es in seinem „Buch der göttlichen Tröstung" (24) recht präzise folgendermaßen:

> „Will Gott geben, wonach ich begehre, so habe ich es damit und bin in Wonne; will Gott hingegen nicht geben, nun, so empfange ich's entbehrend im gleichen Willen Gottes, in dem er eben *nicht* will, und so also empfange ich, indem ich entbehre und nicht nehme."[52]

Was Engel tun

Das biblische Zeugnis zeichnet im Blick auf die Aufgaben der Engel ein recht eindeutiges Bild: Seraphim sind doxologische Geschöpfe, d. h. sie loben Gott. Cherubim beschützen das Heilige. Manche Engel dienen Gott als Boten. Seit der Menschwerdung Gottes in Jesus Christus haben Engel die Aufgabe, ihm und der Verbreitung seines Evangeliums zu dienen. Beim Jüngsten Gericht sammeln sie die Gerechten und Sünder und werden selbst danach gerichtet, wie sie ihre Aufgaben erfüllt haben.

Aufgrund dieser Erkenntnis bin ich geneigt, die zahlreichen Berichte von Engelserscheinungen und -begegnungen und von der Bewahrung durch Engel im Kontext der christlichen Mission im Kern als glaubwürdig anzusehen, obgleich es im Einzelfall zu legendarischen Ausschmückungen gekommen sein mag. Wenn es theologisch irgendwo Sinn macht, von Engeln zu sprechen, dann im Bereich der Mission. Aus Papua-Neuguinea sind mir einige mündlich überlieferte Geschichten davon bekannt, wie Missionare in Todesgefahr plötzlich von unerwartet auftauchenden lichtvollen Gestalten beschützt wurden oder wie die Ankunft des Evangeliums nach einheimischem Zeugnis von Lichtgestalten vorhergesagt wurde. Da die evangelisch-lutherische Kirche in Bayern heute kaum noch in einer Weise missionarisch tätig ist, bei der Leib und Leben der Mitarbeitenden und damit die Verkündigung des Evangeliums von Jesus Christus ernsthaft gefährdet sind, ist es im Grunde auch nicht weiter verwunderlich, dass solche Engelserfahrungen heute kaum noch im Raum der Kirche gemacht werden.

Die Vorstellung, dass es allgemeine Schutzengel gibt, die jeden beliebigen Menschen vor materiellem Schaden, Krankheiten oder Unfällen bewahren, ist m. E. dem biblischen Zeugnis fremd. Die zugunsten dieser Vorstellung angeführten Bibelstellen (meistens aus dem Alten Testament) können nur aus einer biblizistischen Perspektive als Beleg für die Existenz solcher „individuellen Schutzengel für alle“ angeführt werden. In der Bibel werden konkrete, einzelne Menschen dort bewahrt, wo es um ihrer besonderen Rechtschaffenheit (z. B. bei Lot und seiner Familie in Gen 19) oder um der Botschaft willen (wie etwa im erwähnten Fall des Apostels Paulus in Seenot, s. o.) angezeigt ist. Gott kann seinem auserwählten Volk Engel schicken (vgl. Ex 23,20). Engel geben im Himmel Auskunft über das Verhalten der Christen auf Erden (vgl. Mt 18,10f.; 1. Kor 11,10), allerdings lässt sich daraus nicht ableiten, dass sie zu ihren Gunsten rettend ins irdische Geschehen eingreifen. Als Petrus aus dem Gefängnis flieht (vgl. Apg 12), hält man ihn zunächst für seinen Engel, der stellvertretend für ihn unterwegs ist, doch auch daraus lässt sich nicht schließen, dass es Schutzengel für jeden Menschen gibt. Allerhöchstens wäre daran zu denken, dass Engel, die so aussehen wie ihre (gerechten) Schutzbefohlenen, sie vor unsichtbaren Dämonen beschützen (s. o. zu Apg 12,15). Dass jeder Mensch eigene Schutzengel hat, die ihn vor Schaden, Krankheit und Unfall bewahren, steht nirgends in der Bibel.

Schließlich scheint der Verfasser des Hebräerbriefes sogar eher davon auszugehen, dass Engel *ihrerseits* auf menschliche Hilfe (in Form von Gastfreundschaft) angewiesen sind, als umgekehrt Menschen auf engelischen Beistand. Der jüdische Schriftsteller Friedrich Weinreb[53] (1910–1988) hat ganz ähnlich den Gedanken formuliert, dass „eine Begegnung mit einem anderen Menschen zugleich eine Begegnung mit einem Engel" (355) sein könnte. „Wenn man den Engel in dieser Begegnung erkennt." (355)

Kontaktaufnahme mit Engeln und Geistern

Nirgends in den biblischen Zeugnissen wird davon berichtet, dass sich Christen von sich aus um den Kontakt zu Engeln oder Geistern bemühen sollen oder können. Eine gezielte und methodisch verlässliche Kontaktaufnahme mit Schutzengeln halte ich daher weder für möglich noch für theologisch legitim.

Der einzige biblische Rat, der diesem Wunsch zumindest entfernt entgegenkommt, besteht darin, Gastfreundschaft zu praktizieren – und damit möglicherweise und unbemerkt einen Engel zu beherbergen (vgl. Hebr 13,2).

Nach den bisherigen Ausführungen lässt sich nun recht verlässlich sagen, wie zwischen Engeln und engelsähnlichen Geistern unterschieden werden kann. Neun Kriterien sind wenigstens zu nennen: Es handelt sich nicht um Engel, sondern um Geister,

1. wenn man etwas Greifbares bzw. Verlässliches über ihr Wesen, über ihr Aussehen, ihren Platz in der himmlischen Hierarchie, ihren Charakter usw. zu wissen meint,
2. wenn der Glaube an sie als Voraussetzung dafür gilt, Kontakt zu ihnen herstellen zu können,
3. wenn man meint, die Kommunikation mit ihnen durch eine spezielle Methode zuverlässig herstellen zu können,
4. wenn man meint, von ihnen innerlich, also in Gedanken und Gefühlen angesprochen oder geführt zu werden,
5. wenn das Interesse an ihnen stärker ist als das Interesse an Christus, wenn es also mehr um sie geht als um den, der sie gesandt hat,
6. wenn Christus nur als ein besonderer Mensch, Meister oder Guru neben anderen angesehen wird,

7. wenn bei der Übermittlung von Engelsbotschaften Geld im Spiel ist,
8. wenn sie angeblich konkrete Hilfe für alle Menschen in Beziehungsfragen, bei beruflichem Erfolg oder im Blick auf Heilung leisten
9. und wenn es akzeptiert oder gar gutgeheißen wird, sie anzurufen oder anzubeten.

Seelsorgerische Perspektiven

Zur theologischen Sprachfähigkeit gehören schließlich auch seelsorgerische Perspektiven. Wie bei der Analyse der zeitgenössischen Faszination für Engel deutlich wurde, gibt es gute Gründe dafür, dass sich Menschen heute intensiv mit Engeln befassen. Die folgenden Aspekte sollten daher in der Seelsorge mit bedacht werden: Die Beschäftigung mit Engeln kann ein Hinweis darauf sein,

1. dass ein Mensch mit den faktischen Zuständen in seinem Leben und in der Gesellschaft unzufrieden ist,
2. dass er sich in der als krisenhaft wahrgenommenen Gegenwart ängstigt und sich nach einer verbindlichen Relation zu etwas Größerem sehnt,

3. und/oder dass er auf der Suche ist nach Kohärenz für seine prekäre Identität.

8. Exemplarische seelsorgerische Anwendung

Im Folgenden soll die erworbene Sprachfähigkeit über Engel praktisch angewandt werden. Exemplarisch soll dies an den oben skizzierten Fallbeispielen aus dem Internet veranschaulicht werden. In ähnlicher Weise könnte in der Seelsorge damit umgegangen werden.

1. Die Frage von „sneuker", wer schon einmal Engel „gesehen, gehört oder ihre Anwesenheit gespürt" hat und wie sie „wahrgenommen" wurden, könnte etwa folgendermaßen beantwortet werden:
   „Engel erscheinen meist zusammen mit Licht. Recht viel mehr lässt sich dazu nicht sagen, denn im Grunde geht es weniger darum, *wie* man sie wahrnimmt, als darum, welche *Botschaft* sie überbringen oder welchen *Auftrag* sie haben. Eine Begegnung mit einem (echten) Engel macht sich also dadurch bemerkbar, dass sie enorme Auswirkungen auf dein Le-

ben hat und dich auf Jesus Christus hinweist. Bei Erscheinungen, bei denen du Genaueres über das Gesehene, Gehörte oder Gespürte sagen kannst, handelt es sich m. E. nicht um (echte) Engel, sondern eher um Geister, die dir nur wie Engel erscheinen. Sie dienen nicht Gott, sondern haben ihren eigenen Willen und wollen dich für ihre eigenen Ziele begeistern."

2. Die Frage von „glueckspilz85", wie sie damit umgehen soll, dass ihr 2-jähriger Sohn einen hellen und einen schwarzen Engel zu sehen glaubt, und ob sie ihm die als normal geltende Alltagswirklichkeit bewusst machen soll, damit sich das Kind nicht lächerlich macht, könnte folgendermaßen beantwortet werden:
„Vielleicht hilft es dir weiter, wenn du dir den Unterschied zwischen Realität und Wirklichkeit bewusst machst: Die Realität besteht aus allem, was man (dauerhaft) sehen und anfassen kann. Der Stuhl, auf dem du vielleicht gerade sitzt, ist also real. *Wirk*lichkeit aber bezeichnet das, was *wirkt,* was eine *Wirk*ung hat. Hattest du schon mal einen Alptraum und der Traum hat dich dann den ganzen Tag lang beschäftigt und hat dich in deinen Gedanken und Handlungen beeinflusst? Dann weißt du, dass der Traum zwar

nicht real, aber sehr *wirk*lich war! Das gleiche gilt nun auch für deinen Sohn: Was er da wahrnimmt, ist vielleicht nicht real (außer natürlich, andere können es auch sehen). Trotzdem ist es wirklich, weil es ihn beeinflusst. Wenn er älter wird, wird er vermutlich besser unterscheiden können, was real ist und was nicht. Versuche bis dahin lieber zu verstehen, *wie* diese Erscheinung auf ihn wirkt: Wann sieht er sie, welche Gefühle löst sie bei ihm aus? Möglicherweise ist es nämlich sogar umgekehrt, d. h. dass sich seine Gefühle in dem zeigen, was er zu sehen meint: Dass er z. B. einen schwarzen Engel gesehen hat, als seine Schwester schwer krank war, könnte seine Weise sein, seine Angst zum Ausdruck zu bringen. Und wenn er glücklich ist, sieht er dementsprechend einen hellen Engel. Macht das Sinn für Dich?"

3. „amosalvina" möchte für ihre Freundin wissen, ob der halbnackte männliche Engel, der vor deren Fenster erschien und sie aufforderte, das Fenster zu öffnen und ihm zu Hand zu reichen, ein guter oder ein böser Engel war, und d. h., ob es ihm darum ging, das Leben der Freundin zu gefährden. Eine Antwort könnte folgendermaßen lauten:

„Wenn es um Engel geht, sind die Geschichten aus der Bibel für mich die zuverlässigste Quelle. Wenn dort gute Engel erscheinen, dann immer mit einem eindeutigen Auftrag: Sie überbringen eine Botschaft von Gott oder sorgen dafür, dass sich die frohe Botschaft von Jesus weiter ausbreitet. Das war offensichtlich nicht der Fall bei der Erscheinung, die deine Freundin hatte, weshalb ich annehme, dass es kein Engel war. Was auch immer es dann war und was auch immer die Erscheinung im Sinn hatte: Gut, dass deine Freundin auf ihren gesunden Menschenverstand gehört und ihr Leben nicht in Gefahr gebracht hat! Und falls deine Freundin an Jesus glaubt, wäre ich nicht überrascht, wenn es am Ende ein guter (unsichtbarer) Engel war, der dafür gesorgt hat, dass diese Erscheinung verschwindet und sie nicht weiter in Versuchung führt."

4. Laut „Emogirl98" hat ihr 4-jähriger Bruder eine angsteinflößende Erscheinung unter seinem Bett gesehen, eine kleine, weiße, kahlköpfige Gestalt. Sie möchte nun wissen, ob es sich dabei um einen Engel oder um einen Geist gehandelt haben könnte (und wie sie mit der gespürten Angst umgehen kann). Eine Mög-

lichkeit, darauf zu reagieren, wäre die folgende: „Zunächst einmal hoffe ich, dich beruhigen zu können. Solche Erscheinungen können zwar sehr gruselig sein, aber es besteht niemals echte Gefahr: Sie können nämlich nicht natürliche Vorgänge beeinflussen, also etwa Dinge nach euch werfen oder euch verletzen, auch wenn das in Horrorfilmen so gezeigt wird ... Sie haben höchstens Einfluss auf eure Gefühle (wie man deutlich an eurem Grusel sieht)! Mach dir das ruhig immer wieder klar: Wenn du als große Schwester keine Angst davor hast, fällt es deinem Bruder auch leichter, damit umzugehen.
Dass es sich bei dieser Gestalt um einen Engel gehandelt hat, glaube ich nicht. Wenn ein Engel erscheint, ist den Berichten in der Bibel zufolge oft ein helles Licht zu sehen; außerdem stehen echte Engel immer im Dienste Gottes und lassen diesbezüglich niemals auch nur das kleinste Missverständnis aufkommen.
Was auch immer dein Bruder gesehen hat, ob es nun ein Geist war oder ein Trugbild oder ob es seiner Fantasie entsprang: Konzentriert euch nicht auf die Frage, was es gewesen sein könnte, sondern darauf, dass ihr keine Angst davor zu haben braucht. Und falls ihr an Jesus glaubt,

könnt ihr zu ihm beten und ihn bitten, euch zu beschützen."

5. „rotesAuge", der/die glaubt, dass sein/ihr Schutzengel groß und bunt wie ein Regenbogen sei, möchte nun mehr über ihn herausfinden. „juliaehmann" hat mittels eines Kerzenrituals bereits sehr konkret versucht, Kontakt zu ihrem Schutzengel aufzunehmen, hat dabei auch etwas zu spüren gemeint und möchte nun wissen, ob sie den Kontakt tatsächlich herstellen konnte und wie sie mit ihm reden bzw. ihn vielleicht sogar sehen könnte. Auch hierauf sei schließlich eine exemplarische Antwort formuliert:
   „Zunächst einmal hoffe ich, dich nicht zu sehr zu enttäuschen, wenn ich dir sage, dass so etwas wie eine von dir aus geplante Kontaktaufnahme mit einem echten Engel m. E. nicht funktioniert – auch wenn das manchmal behauptet wird (vielleicht weil sich entsprechende Anleitungen und Angebote gut verkaufen). Wenn in der Bibel von Engeln erzählt wird – und das halte ich noch immer für die zuverlässigste Quelle für alle Fragen rund um Engel – dann immer, dass sie kommen, wenn *Gott* es so will. Echte Engel gibt es niemals ohne Gott, sie handeln niemals

aus eigenem Willen (so ähnlich wie es keine E-Mail ohne einen Absender geben *kann*). Was auch immer du also herbeirufen würdest – sei es ein Geist oder ein Trugbild oder eine Ausgeburt deiner Fantasie – es wäre niemals ein Engel. Und was auch immer dann käme, hätte seinen eigenen Willen, und der muss nicht unbedingt gut für dich sein.
Wenn du wirklich einem Engel begegnen möchtest, solltest du statt irgendwelcher Rituale lieber etwas ganz anderes, sehr viel Irdischeres tun: Sei gastfreundlich zu Fremden. In der Bibel heißt es, dass manche Menschen auf diese Weise einen Engel beherbergt haben, ohne es zu wissen."

9. Exemplarische liturgische Anwendung

Noch einmal sei daran erinnert, dass die primären praktisch-theologischen Orte der Rede von den Engeln Mission und Gottesdienst sind, auch wenn es aufgrund der Faszination für Schutzengel zunächst den Anschein hat, als wären Engel zuallererst ein Thema der Seelsorge. Auf seelsorgerische Fragen sollte, wie oben exemplarisch gezeigt, angemessen reagiert werden; aber es wäre unangemessen, die anderen genannten Kontexte darüber zu vernachlässigen.

An einem Beispiel soll dies für den Bereich der Liturgik skizziert werden: Es geht um die Frage, wie mit dem Wunsch, Ps 91,11+12 als Taufspruch zu wählen, konstruktiv und theologisch sinnvoll umgegangen werden kann.

Ps 91,11+12 ist ein äußerst beliebter Taufspruch. Pfarrerinnen und Pfarrer hingegen haben oft ihre liebe Mühe damit – weil sie wissen, dass die oftmals mit dem Vers verbundene Hoffnung auf

Bewahrung des Täuflings vor jeglichem Unheil trügerisch ist: Der christliche Glaube ist nun mal keine Unfallversicherung und die Taufe kein magisches Ritual, das jeden Schicksalsschlag fernhält.

Unsere bisherigen Ausführungen über Engel eröffnen nun eine neue Perspektive, um dem Wunsch, Ps 91,11+12 als Taufspruch zu wählen, einerseits entgegenzukommen und den Spruch andererseits theologisch sinnvoll zu interpretieren: Wir müssen uns dafür lediglich in Erinnerung rufen, dass Engel seit der Menschwerdung Gottes in Jesus Christus nichts anderes tun, als ihm zu dienen; dass sie seit der Auferstehung Jesu nichts anderes tun, als der Ausbreitung seines Evangeliums zu dienen. Diese christuszentrierte Sicht auf Engel kann helfen, Ps 91,11+12 in neuem Licht zu sehen. Wenn es darin heißt, „Denn er hat seinen Engeln befohlen, dass sie dich behüten auf allen deinen Wegen, dass sie dich auf den Händen tragen und du deinen Fuß nicht an einen Stein stoßest", so ist damit nicht gemeint, dass der Täufling in Zukunft vor jeglichem Unheil bewahrt sein wird; das wäre eine trügerische Hoffnung und ein falsches (und grausames) Versprechen. Vielmehr ist damit ausgesagt, dass die Engel den Täufling auf allen seinen *Wegen des Glaubens an Jesus Christus* behüten werden, dass er also im Blick auf den christlichen Glauben nicht zu Fall kommen möge, ihm kein Stein des Anstoßes auf dem Pfad des Glaubens im Weg liegen soll.

Die spätmoderne, spirituell und weltanschaulich ebenso komplexe wie vielfältige Gegenwartskultur ist fasziniert von Engeln. Am beliebtesten scheinen Schutzengel zu sein. Theologie und Kirche könnten auf diesen Trend reagieren, indem sie ihre weltanschaulichen, seelsorgerischen und liturgischen Sprachfähigkeiten im Blick auf Engel weiter entwickeln und kultivieren.

Anmerkungen

1 http://www.imas.at/images/imas-report/2011/23-2011.pdf (Stand: 5.3.2019).

2 Für das Folgende: Doreen Virtue, Erzengel Michael. Heiler, Helfer und Beschützer, 4. Auflage, Berlin, 2013.

3 http://secret-wiki.de/wiki/Doreen_Virtue (Stand: 5.3.2019).

4 Die Zahlenangaben in den Klammern sind Seitenangaben, die sich auf die zuvor genannte Quelle beziehen. In diesem konkreten Fall wird also darauf verwiesen, dass das Zitat auf Seite 10 in der in Fußnote 2 genannten Quelle zu finden ist.

5 Doreen Virtue, Erzengel und wie man sie ruft, 5. Auflage, 2012.

6 https://www.quantumengel.com/deutsch/eva-maria-und-michael/michael-mora.html (Stand: 5.3.2019).

7 https://www.quantumengel.com/ (Stand: 5.3.2019).

8 https://docs.google.com/viewer?a=v&pid=sites&srcid=ZGVmYXVsdGRvbWFpbnxoYXJpbmdrZWZ1Z21hbmdrZWZ1Z21hbm58Z3g6NDMwN2VmNzUxNmIxZWM2NA (Stand 10.8.2011)

9 https://www.quantumengel.com/deutsch/quantum-engel-akademie/aktivierung-der-goettlichen-kraft-.html (Stand: 5.3.2019).

10 https://www.quantumengel.com/deutsch/quantum-engel-akademie/qeh---ausbildung.html (Stand: 5.3.2019).

11 https://www.quantumengel.com/deutsch/quantum-engel-akademie/qeh---ausbildung.html (Stand: 5.3.2019).

12 Die Abkürzung „sic" (lateinisch für „so" oder „wirklich so") bedeutet, dass ein Text, der zitiert wird, wirklich so lautet, dass also z. B. Rechtschreibfehler mit übernommen und nicht korrigiert wurden.

13 https://www.quantumengel.com/Shop/Kristalle/Engel-Aura-Kristall/Engel-Aura-Kristall-118.html (Stand: 4.9.2017).

14 https://www.quantumengel.com/deutsch/quantum-engel-akademie.html (Stand: 5.3.2019).

15 https://www.quantumengel.com/deutsch/quantum-engel-akademie/qe-heilung.html (Stand: 5.3.2019).

16 Für das Folgende: Anne Niemeyer, „Umarmt von Liebe, Glück und Freude", in: esotera 7, 1994, 42–47.

17 „Der institutionelle Urheberschutz auf die biblischen Archive und ihre konfessionellen Tradierungen ist de facto ausgelaufen. Die Kirchen haben damit als ehemalige Monopolisten ihre hegemonialen Rechte verloren. Der Zugriff auf die Traditionen des Glaubens ist in der Gegenwart auf ‚open source' umgestellt." (195) Quelle: Michael Schüßler, Pastoral Riot! Wie die „cultural turns" die (Praktische) Theologie aufmischen (sollten), in: Judith Gruber (Hrsg.), Theologie im Cultural Turn. Erkenntnistheologische Erkundungen in einem veränderten Paradigma. Unter Mitarbeit von Verena Bull, Salzburger interdisziplinäre Diskurse, Band 4, Frankfurt a. M., 2013, 175–195.

18 http://www.deutschlandfunkkultur.de/himmlische-heerscharen.1024.de.html?dram:article_id=174046 (Stand: 5.3.2019).

19 Für das Folgende: Peter L. Berger, Auf den Spuren der Engel. Die moderne Gesellschaft und die Wiederentdeckung der Transzendenz, Freiburg i. Br., 1991.

20 Für das Folgende: Ingrid Riedel, Die Welt von innen sehen, Stuttgart, 2007.

21 Für das Folgende: Traugott Jähnichen, Überall Engel? Über himmlische und andere Hilfen bei der mühsamen Arbeit an der Gestaltung des Selbst, in: Isolde Karle (Hrsg.), Lebensberatung – Weisheit – Lebenskunst, Leipzig, 2011, 129–139.

22 Für das Folgende: Jan-Adolf Bühner, Art. „Engel", „1. Biblisch", in: Erwin Fahlbusch u. a. (Hg.), Evangelisches Kirchenlexikon. Internationale theologische Enzyklopädie, 1. Band, 1986[3], Göttingen, 1030–1033.

23 Vgl. Jan-Adolf Bühner, Art. „Engel", „1. Biblisch", in: Erwin Fahlbusch u. a. (Hg.), Evangelisches Kirchenlexikon. Internationale theologische Enzyklopädie, 1. Band, 1986[3], Göttingen, 1030–1033, hier 1032.

24 Vgl. Hermann Strack, Paul Billerbeck, Kommentar zum Neuen Testament aus Talmud und Midrasch, 3. Band, Die Briefe des Neuen Testaments und die Offenbarung Johannis, München, 1994, 439.

25 Vgl. Jan-Adolf Bühner, Art. „Engel", „1. Biblisch", in: Erwin Fahlbusch u. a. (Hg.), Evangelisches Kirchenlexikon. Internationale theologische Enzyklopädie, 1. Band, 1986[3], Göttingen, 1030–1033, hier 1032.

26 Vgl. Hermann Strack, Paul Billerbeck, Kommentar zum Neuen Testament aus Talmud und Midrasch, 2. Band, Das Evangelium nach Markus, Lukas und Johannes und die Apostelgeschichte, München, 2009, 707f.

27 Vgl. Hermann Strack, Paul Billerbeck, Kommentar zum Neuen Testament aus Talmud und Midrasch, 3. Band,

Die Briefe des Neuen Testaments und die Offenbarung Johannis, München, 1994, 435.

28 Vgl. Hermann Strack, Paul Billerbeck, Kommentar zum Neuen Testament aus Talmud und Midrasch, 3. Band, Die Briefe des Neuen Testaments und die Offenbarung Johannis, München, 1994, 439.

29 Vgl. für das Folgende: Oliver Dürr, Der Engel Mächte. Systematisch-theologische Untersuchung: Angelologie, Forum Systematik, Band 35, Stuttgart, 2009.

30 Für Martin Luther vgl. WA 39 II 342, 17f.; I 278, 9ff.; II, 253, 13f.; II, 98, 13ff.; I, 203, 28f.; I, 116, 10ff.; I, 564, 11ff.; I, 365, 1ff.; I, 387, 12ff.; I, 45, 18ff.; I, 436, 1ff.; II, 82, 32ff.

31 Für das Folgende: Ulrich Mann, Das Wunderbare. Wunder – Segen und Engel, Handbuch Systematischer Theologie, Band 17, Gütersloh, 1979.

32 Vgl. für das Folgende: Oliver Dürr, Der Engel Mächte. Systematisch-theologische Untersuchung: Angelologie, Forum Systematik, Band 35, Stuttgart, 2009.

33 Werner Elert, Der Christliche Glaube, Grundlinien der Lutherischen Dogmatik, Erlangen, 19886, 260.

34 Vgl. für das Folgende: Oliver Dürr, Der Engel Mächte. Systematisch-theologische Untersuchung: Angelologie, Forum Systematik, Band 35, Stuttgart, 2009.

35 Paul Tillich, Systematische Theologie, Berlin, New York, III, 19874, 125.

36 Vgl. für das Folgende: Oliver Dürr, Der Engel Mächte. Systematisch-theologische Untersuchung: Angelologie, Forum Systematik, Band 35, Stuttgart, 2009.

37 Paul Althaus, Christliche Wahrheit, Lehrbuch der Dogmatik, 2. Band, Gütersloh, 1948, 152.

38 Vgl. für das Folgende: Oliver Dürr, Der Engel Mächte. Systematisch-theologische Untersuchung: Angelologie, Forum Systematik, Band 35, Stuttgart, 2009.

39 Für das Folgende: Anthony Destefano, Die unsichtbare Welt. Von Engeln, Dämonen und anderen spirituellen Kräften, Berlin, München, 2011.

40 Vgl. Thomas Ruster, Von Menschen, Mächten und Gewalten. Eine Himmelslehre, Ostfildern, 2007. Für das Folgende: Thomas Ruster, Die neue Engelreligion, Kevelaer, 2010.

41 Vgl. http://www.janahaas.com/ (letzter Zugriff am 5.3.2019).

42 Für das Folgende: Thomas Ruster, Die neue Engelreligion, Kevelaer, 2010.

43 Vgl. http://www.janahaas.com/de/publikationen/buecher.html (Stand: 18.3.2019).

44 Für das Folgende: David Krieger, Was ist aus der Religionskritik der Moderne geworden, nachdem die Moderne nicht stattgefunden hat?, in: Anna Daniel, Franka Schäfer, Frank Hillebrandt, Hanns Wienold (Hrsg.), Doing Modernity – Doing Religion, Wiesbaden, 2012, 15–24.

45 Bruno Latour, Wir sind nie modern gewesen, Frankfurt a. M., 2008, 56.

46 Andréa Belliger, David Krieger (Hrsg.), ANThology. Ein einführendes Handbuch zur Akteur-Netzwerk-Theorie, Bielefeld, 2006.

47 https://www.duden.de/rechtschreibung/Geist_Verstand_Destillat (Stand: 5.3.2019).

48 https://www.duden.de/rechtschreibung/Geist_Verstand_Destillat (Stand: 5.3.2019).

49 Duden „Etymologie“, Herkunftswörterbuch der deutschen Sprache, Der Duden, Band 7, 2., völlig neu bearbeitete und erweiterte Auflage von Günter Drosdowski, Mannheim, Wien, Zürich, 1989.

50 https://www.duden.de/rechtschreibung/real (Stand: 5.3.2019).

51 https://www.duden.de/rechtschreibung/wirklich_real_existent_wahrhaftig (Stand: 5.3.2019).

52 Josef Quint (Hg.), Meister Eckharts Traktate, Band V, Stuttgart, 1963, 111.

53 Friedrich Weinreb, Begegnungen mit Engeln und Menschen. Mysterium des Tuns. Autobiographische Aufzeichnungen 1910–1936, Lehre und Symbol, Band 25, Bern, 1988.